KUBA

kulinarische Inspiration

FONA

Danksagung
Wir danken all denen, die uns bei der Realisierung des Buches unterstützt haben.
Muchas gracias Hiojanys Maria López Ramirez für Deine Unterstützung und Deine Ratschläge.
Ein besonderer Dank gilt dem Verlagsteam des FONA Verlags: Léonie Schmid für das geschenkte Vertrauen und die unkomplizierte Zusammenarbeit und Daniela Friedli für die professionelle gestalterische Umsetzung.

www.fona.ch

Lektorat Léonie Schmid
Konzept und Gestaltung Daniela Friedli, FonaGrafik
Bilder Andreas Knecht, Edit Horvath
Druck Druckerei Uhl, Radolfzell

ISBN 978-3-03780-664-7

INHALTSVERZEICHNIS

Rezepte | Zentralkuba

Vorspeisen

Hauptspeisen

Beilagen

Desserts

Cocktails

Rezepte | Ostkuba

Wo nicht anders erwähnt, sind die Rezepte für 4 Personen berechnet.

Abkürzungen

EL	gestrichener Esslöffel
TL	gestrichener Teelöffel
dl	Deziliter
ml	Milliliter
Msp	Messerspitze

"Hemos cumplido
y ustedes seguirán
cumpliendo la
promesa de aquella
eterna nohe."
Fidel

Vorwort

Kuba, tropisches Paradies in der Karibik. Einst von den spanischen Seefahrern kolonialisiert, dann von den Amerikanern als Rohstofflieferant und Urlaubsinsel entdeckt, vom Batista-Regime und der US-Mafia ausgebeutet und später von den Revolutionären um Fidel Castro und Che Guevara befreit.

Die Revolution in den späten 1950er-Jahren des letzten Jahrhunderts wird dem Kubareisenden ständig in Erinnerung gerufen. An den Straßen stehen riesige Schilder mit flammenden Parolen. Die Protagonisten der Revolution werden darauf zu Halbheiligen erkoren und euphorisch verehrt. Für uns Europäer eher befremdend, ist doch das einst stolze Kuba eines der ärmsten Länder in der Karibik. Vor allem seit dem Fall des Ostblocks und der ausgebliebenen Unterstützung seitens der Sowjetunion taumelt Kuba wie ein angeschlagener Boxer im Ring. Und trotzdem – der Verehrung der Revolutionshelden tut dies keinen Abbruch.

Der Kubaner ist emotional und gleichzeitig genügsam. Gerne erzählt man sich die alten Geschichten, wie die Amerikaner aus dem Land verjagt wurden und wie man das Überleben in die eigene Hand genommen hat. Trotzdem: Regimekritiker gibt es selbstverständlich auch in Kuba. Doch diese sind klar in der Unterzahl und wagen sich nur selten aus der Deckung. Viele von ihnen verlassen das Land, wie es die vermögenden Kubaner kurz nach dem Sieg der Revolutionäre im Jahre 1959 getan haben.

Jährlich wird der Tag der Revolution gefeiert und man hat fast das Gefühl, dass sich die Kubaner der Zukunft verschließen. Nicht nur am Straßenrand stehen die Zeugen der Vergangenheit, auch die Vornamen der Kubaner deuten auf vergangene Zeiten hin. Viele Kubaner im mittleren Alter tragen mit Stolz russische Vornamen: Boris, Vladimir oder Sergej. Als wir in Viñales einen Tabakproduzenten kennenlernten, stellte er sich so vor: «My name is Juri, like the famous cosmonaut Juri Gagarin.» Am 12. April 1961 umrundete Juri Gagarin mit dem Raumschiff Wostok 1 die Erde und war somit der erste Mensch im Weltraum. Er war für die Menschen in Kuba ein Held und nicht wenige Knaben erhielten seinen Namen.

Vor allem seit die Sowjetunion nicht mehr Schutzmacht ist, müssen die Kubaner mit ihren Mitteln haushälterisch umgehen. Das gilt auch für das Essen. Sie zaubern aus wenigen Zutaten schmackhafte, feine Speisen. Wer das auch erleben möchte, der muss auf seiner Kubareise vor allem in den Casas Particulares absteigen – sie sind privat und eigenwirtschaftlich geführt. Hier wird man mit lokalen Spezialitäten verwöhnt und man spürt die Kreativität und die Leidenschaft für das Essen.

Da es wegen der schlechten Straßen nicht ratsam ist, nachts zu fahren, machten wir uns während unseren Erkundungsreisen meist schon am frühen Nachmittag auf die Suche nach einer Übernachtungsgelegenheit. Dank der frühen Ankunft konnten wir meist zwischen verschiedenen Gerichten wählen, allenfalls auf dem Markt noch etwas besorgen und nicht nur einen Blick in die Küche werfen, sondern gelegentlich auch mithelfen. Natürlich kochen nicht alle Casas Particulares auf Spitzenniveau. Doch es gab nie einen Grund, sich über die Qualität des Essens zu beklagen. Und was uns speziell aufgefallen ist: Nirgendwo auf der Welt freut man sich über ein Lob so offenkundig wie in Kuba.

Um ein gutes Essen zuzubereiten, nehmen die Kubaner oft einen großen Aufwand oder einen weiten Weg in Kauf: Boris, einer unserer Gastgeber, brach am Weihnachtstag frühmorgens auf, um im Nachbardorf ein Ferkel zu kaufen. Das Ziel lag in zwanzig Kilometer Entfernung. Mit anderen Worten: Vierzig Kilometer Fußmarsch für das Weihnachtsmenü! Das panische Quieken des Schweines vor dem Schlachten ging uns allerdings durch Mark und Bein und machte uns schmerzlich bewusst, dass wir in einer Verdrängungsgesellschaft leben.

Die authentische Küche, die wir in den Casas Particulares genießen durften, und die große Flexibilität der Kubaner im Umgang mit Lebensmitteln haben uns zu diesem Buch inspiriert. Die Produktepalette ist auf der Insel eher klein und die Köche versuchen das Optimum herauszuholen. So geschieht es oft, dass einer Speise das berühmte Pünktchen auf dem «i» fehlt. So wollen wir Ihnen mit unserem Kochbuch nicht nur die traditionelle kubanische Küche näherbringen, sondern haben versucht, diesen althergebrachten und bekannten Gerichten mit kleinen Retuschen den letzten Schliff zu geben.

Probieren Sie die Rezepte aus und entwickeln Sie sie ganz im Stil der Kubaner weiter, bis sie Ihren persönlichen Geschmack treffen.

In diesem Sinne wünschen wir Ihnen einen guten Appetit!
Edit Horvath und Andreas Knecht

Oben Transportmittel im ländlichen Kuba. | **Unten** Edit Horvath und Andreas Knecht

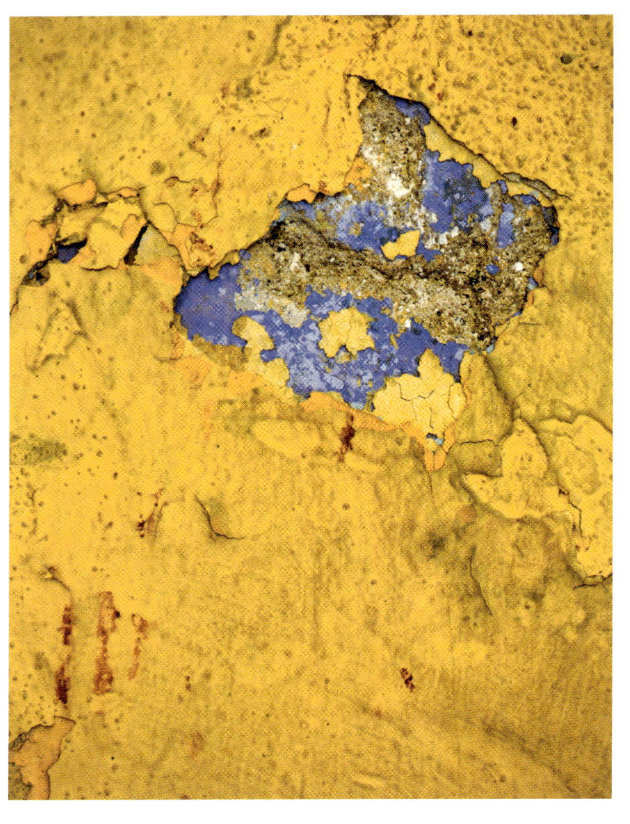

FACHADAS CUBANAS

Havannas bröckelnde Hausfassaden mit ihrem morbiden Charme faszinieren die Kubareisenden. Wer genauer hinschaut, entdeckt vielschichtige, farbenfrohe Kunstwerke. Die abblätternden Schichten der unterschiedlichen Farbanstriche sind Zeugen der Vergangenheit und symbolisieren die Vergänglichkeit. Die einzigartigen Fassaden haben uns fasziniert und inspiriert. In jeder Stadt, die an unserem Weg lag, verirrten wir uns in Winkeln und Gassen auf der Suche nach ausgefallenen Fassaden. Das Resultat unserer Nachforschungen finden Sie in diesem Buch entweder als Fotografie oder als Hintergrund in den Rezeptbildern.

Wir waren von den Fassaden so fasziniert, dass Edit in verschiedenen Mischtechniken und mit außergewöhnlichen Materialien Acrylbilder geschaffen hat, die sie unter dem Titel «Fachadas Cubanas» in mehreren Galerien dem Publikum präsentierte. Einige der Werke sind locker im Buch verteilt. Sie nehmen uns mit auf eine Reise und vermitteln eindrücklich das kubanische Lebensgefühl.

Oben links Selbstversorgung | **Oben rechts** Seit 31 Jahren zieht Juan seinen Verkaufskarren in das Stadtzentrum. Täglich – auch sonntags … | **Unten links** Zuckerrohrpresse | **Unten rechts** Zuckerrohr

Landwirtschaft

Quelle: Cuba, going against the grain, Sinclair/Thompson, 2001

Bereits vor der Loslösung von Spanien und der Erlangung der formalen Unabhängigkeit im Jahre 1902 waren die USA der wichtigste Handelspartner Kubas. Anfang 20. Jahrhundert nahmen die USA immer mehr Einfluss auf das Land. Der rege Handelsverkehr führte zu einer starken wirtschaftlichen Entwicklung. Ein Großteil der kubanischen Exporte entfiel auf den Zucker. Als in den 1920er-Jahren der Weltmarktpreis des Zuckers einbrach, konnten amerikanische Investoren günstig in Kuba einkaufen. Der Zuckerpreis zog wieder an und die Wirtschaft erholte sich. Mitte 20. Jahrhundert war Kuba ein moderner, prosperierender Staat. Havanna war das wirtschaftliche Zentrum in der Karibik und das Pro-Kopf-Einkommen war das zweithöchste in Lateinamerika. Die gefährliche Abhängigkeit vom Zucker – auf ihn entfiel rund die Hälfte aller Exporte – blieb bestehen. Das Land versuchte, durch den Ausbau der Industrie und des Tourismus die Abhängigkeit vom Zucker zu reduzieren.

Vor der Revolution war die wirtschaftliche Situation im Land im Vergleich zu anderen Karibikstaaten recht gut. Allerdings war die Besitzverteilung ungleich. Einigen wenigen Reichen standen sehr viele Arme gegenüber. Auf dem Lande gab es weder Krankenhäuser noch Schulen. Das war ein idealer Nährboden für die Revolution. 8 % der Bauern kontrollierten 70 % der Anbaufläche. Zuckerrohr-Monokulturen dominierten das Landschaftsbild. Der Großteil der Lebensmittel musste aus den USA importiert werden. Der Unmut der armen Bevölkerung war groß und der Zeitpunkt für einen Aufstand günstig.

Nach dem Sieg der Revolutionäre im Jahre 1959 wurde die Landwirtschaft reformiert und der private Landbesitz auf 405 Hektaren pro Person beschränkt. Die großen Plantagen wurden verstaatlicht, was 44 % der landwirtschaftlichen Fläche entsprach. Den Rest bewirtschafteten 160 000 Kleinbauern. Die landwirtschaftlichen Saisonarbeiter bekamen eine Ganzjahresanstellung inklusive Sozialleistungen, freien Zugang zur medizinischen Versorgung und zu den Schulen.

Anstelle von Zuckerrohr wurden nun vermehrt Grundnahrungsmittel für die eigenen Leute angebaut. Die Zuckerrohrexporte brachen als Folge dieser Umstellung ein. Trotzdem gab es immer noch zu wenige Lebensmittel, weshalb sie die neue Regierung rationieren musste. Staatliche Kontrollen sollten die wirtschaftlichen Probleme lösen. 1960 wurden sämtliche Großbetriebe verstaatlicht, darunter auch viele US-amerikanische Unternehmen. Die USA stoppten darauf den Import von kubanischem Zuckerrohr. Die Sowjetunion war bereit, die Zuckerquote der USA zu übernehmen. Viele politische Gegner des Castro-Regimes – unter ihnen vor allem Angehörige der kubanischen Mittel- und Oberschicht – wanderten in die USA aus. Das hatte verheerende Folgen: In Kuba fehlten die dringend benötigten Spezialisten, um die soziale Wirtschaft aufzubauen.

Der von der Regierung eingeschlagene Weg wurde konsequent eingehalten: Eine zweite Agrarreform im Jahre 1963 begrenzte den privaten Landbesitz ein weiteres Mal. Neu waren es nur noch 67 Hektaren pro Person. Damit waren zwei Drittel der Anbaufläche in Staatsbesitz.

In den 1960er- und 1970er-Jahren konnte nicht zuletzt dank sowjetischer Unterstützung die Infrastruktur in der Landwirtschaft modernisiert werden. In den Bauernhäusern gab es nun Trinkwasser und Strom. Die hygienischen Bedingungen waren besser und Krankheiten wie Malaria und Tuberkulose gingen zurück. Alle Kinder konnten zur Schule gehen und ein Studium machen.

Die Mechanisierung ging weiter. Es wurden große Mengen von Dünger importiert. Noch immer stand der Export von landwirtschaftlichen Gütern an erster Stelle. Die meisten Grundnahrungsmittel mussten weiterhin importiert werden. Die Abhängigkeit vom Ausland war immer noch groß. Dank großzügiger Tauschkurse seitens der Sowjetunion, die auch den Aufbau der Infrastruktur unterstützte, konnten Versorgungsengpässe verhindert werden.

Als 1990 der Ostblock zusammenbrach, kollabierte auch die kubanische Wirtschaft. Von einem Tag auf den anderen waren 80 % der Exporte und der Importe weg! Der Landwirtschaft fehlten nun Dünger, Kraftfutter, Medikamente und Maschinenersatzteile. Die Bewässerungssysteme konnten nur noch notdürftig unterhalten werden.

Oben Ziegen und Schafe weiden frei. Ab und zu sieht man auch Rinder, obwohl deren Besitz für Privatbauern verboten ist. | **Unten links** Die geernteten Reiskörner werden auf der Landstraße getrocknet. | **Unten rechts** Die getrockneten, in Säcke abgefüllten Reiskörner sind zum Abtransport bereit.

Warmfront 100 cm × 100 cm

Die wirtschaftliche Lage führte in den 1990er-Jahren zu einer dritten Agrarreform. Die Selbstversorgung stand an erster Stelle. Um bei der Lebensmittelbeschaffung möglichst unabhängig zu werden, wurden Bauernmärkte eingeführt. Seitdem können die Bauern ihre Überproduktion direkt den Konsumenten verkaufen. Die Preise werden vom Staat festgelegt, sind aber tiefer als auf dem Schwarzmarkt. Die staatlichen Landwirtschaftsbetriebe wurden in Kooperativen umgewandelt. Landbesitzer war weiterhin der Staat, der das Land kostenlos und unbefristet an die Kooperativen verpachtete. Die Mitglieder der Kooperativen besitzen und leiten den Betrieb, bestimmen die Geschäftsleitung und erhalten einen Lohn.

In städtischen Gebieten wurden sogenannte Organopónicos installiert, Hochbeete, die mit organischem Material gefüllt und mit Gemüse bepflanzt werden. Die Ernte wird direkt vor Ort verkauft. Viele bis anhin unbekannte Gemüsearten fanden so den Weg nach Kuba. Das war auch ein Gewinn für die kubanischen Köche, die ihr Angebot abwechslungsreicher gestalten konnten. Die «städtischen Plantagen» (Urban Gardening) produzierten 2002 über drei Millionen Tonnen Gemüse, Obst und Gewürze.

Dank der Diversifizierung in der Landwirtschaft und der Förderung der Eigenverantwortung in der Lebensmittelproduktion wurde Kuba weniger abhängig vom Weltmarkt.

Havanna – Die Fahrradtaxis und die mobilen Theken der Straßenhändler sind seit Jahrzehneten im Einsatz.

ÜCHE

Die kubanische Küche verfügt im Vergleich zu anderen Kochkulturen über eine schmale Produktepalette. Trotzdem ist das Essen abwechslungsreich. Reis mit Bohnen haben wir in zig verschiedenen Variationen gegessen. Auch Kochbananen und Schweinefleisch werden in der kubanischen Küche häufig verwendet, ebenso Kürbis und Süßkartoffeln und die für uns eher exotischen Gemüse Yuca (Maniok) und Malanga. Schweinefleisch wird gelegentlich durch Geflügel- und seltener durch Rindfleisch ersetzt. Fisch und Meeresfrüchte gibt es vor allem in großen Städten und an der Küste. Zwiebel, Knoblauch, Pfeffer und Oregano sind beliebte Würzmittel. Auch die Tomatensauce ist in der kubanischen Küche unverzichtbar. Zum Dessert gibt es häufig Gebäck oder Fruchtsalat. Ab und zu darf es auch ein Eis sein.

In den Städten kann man an jeder Straßenecke Fruchtsaft kaufen. Bananen, Mangos, Ananas, Orangen und Guave werden auf der ganzen Insel angepflanzt.

Einmal, in La Boca, wurde uns von unserem Gastgeber zum Frühstück ein frischgepresster Guavensaft serviert. Der kühle, dickflüssige und rosafarbene Saft war himmlisch und hat uns den Start in den Tag versüßt.

Sehr beliebt bei den Einheimischen ist der Zuckerrohrsaft (Guarapo), der mit einer Handpresse gewonnen wird. Ein beschwerlicher Kraftakt. Der trübe Saft schmeckt leicht süßlich und ist sehr erfrischend. Feldarbeiter kauen oft Zuckerrohr, um Energie zu tanken und das Hungergefühl bis zur nächsten Essenspause zu stillen.

Der Rum ist seit jeher Kubas Markenzeichen. Er ist unverzichtbar für den Mojito, den beliebtesten Cocktail. In jüngerer Zeit hat er allerdings vom Bier Konkurrenz bekommen. Mikrobrauereien – der neueste, staatlich verordnete Trend – sind wie Pilze aus dem Boden geschossen. Bier trinken gilt unter Einheimischen als schick und ist Zeichen eines gewissen Wohlstands. Zudem ist das lokale Bier zugegebenermaßen sehr erfrischend. Vor allem jüngere Kubaner ziehen das Bier dem Nationalgetränk Rum vor.

1960 wurden die größeren Unternehmen Kubas verstaatlicht, so auch der erfolgreiche und bekannte Spirituosenhersteller Bacardi. Das war insofern eine Überraschung, als Bacardi Fidel Castro und die Revolutionäre unterstützt hatte. Doch nach dem Sturz des Diktators Batista setzte sich der prosowjetische Kurs von Che Guevara durch und die Familie Bacardi wurde von einem Tag auf den andern enteignet. Die Familienmitglieder reagierten prompt und emigrierten mehrheitlich in die USA. Mit im Gepäck hatten sie die Rumrezepte und die Markenrechte. Es dauerte nicht lange, bis die Produktion auf den Bahamas aufgenommen wurde. Bacardi profitierte von den neuen Freiheiten und wurde zu einem der größten Spirituosenproduzenten weltweit. Das Spitzenprodukt Bacardi Rum ist global die zweitmeist verkaufte Marke.

Kubas Revolutionäre vertrieben in der Folge ihren eigenen Rum unter der Marke Havanna-Club, die auch einen großen Bekanntheitsgrad erreichte und bezüglich Qualität dem Bacardi-Rum nicht nachsteht. Nur den Umsatz ihres Konkurrenten in den USA konnten sie nie erreichen.

Obwohl sich die verfügbaren Lebensmittel in den drei Regionen Ost-, Zentral- und Westkuba nur unwesentlich unterscheiden, werden in der Zubereitung andere Akzente gesetzt. Insbesondere beim Würzen wird man regionale Eigenheiten feststellen. Grund sind die Einwanderer und ihre Landesküche. So sind in die kubanische Küche spanische, karibische, kreolische, afrikanische und sogar chinesische Elemente eingeflossen.

Natürlich gibt es Speisen, die auf der ganzen Insel beliebt sind.

Tortilla: Omelette, von den spanischen Kolonialherren im 17. Jahrhundert nach Kuba gebracht.

Tres leches: Kalorienreiche Süßspeise, die mit drei verschiedenen Milchsorten zubereitet wird und in ganz Zentralamerika populär ist.

Tamales: Maisteig, der mit Käse, Fleisch, Zwiebeln und Knoblauch gefüllt und in Maisblätter eingewickelt und gedämpft wird. Die Tamales sind sehr beliebt, auch als Vorspeise oder Zwischenmahlzeit. Das Aroma der Maisblätter geht beim Kochen in den Teig über und sorgt für eine leicht süßliche Geschmacksnote.

Natillas: Die verfeinerte Variation einer Vanillecreme, die mit Zimt bestreut wird und einen Hauch von Zitrone hat. Ein dezent würziges und verführerisches Dessert.

Sopa de ajo: Einfache Knoblauchsuppe. Sie wurde von spanischen Bauern während der Kolonialzeit nach Kuba gebracht. Die Suppe bietet viel mehr, als man aus ihrem Namen schließen kann. Durch das Kochen verliert der Knoblauch seine typische Schärfe und bekommt ein ausgewogenes Aroma. Zusammen mit geröstetem Brot eine Delikatesse!

Empanades: Teigtaschen, gefüllt mit Spinat, Fleisch, Käse, Tomaten, Zwiebeln und Knoblauch. Im Öl frittiert oder im Ofen gebacken. Wir konnten vor allem den Empanades aus dem Ofen kaum widerstehen. Schon allein der verführerische Duft hat uns schwach werden lassen.

Dulce de leche: Brotaufstrich aus Milch, Zucker und Vanille. Ist auch hervorragend geeignet für süßes Gebäck.

Cubano Sandwich: Aus kubanischem Brot hergestellt, das mit Schmalz gebacken wird. Das Brot wird mit Senf bestrichen und mit kaltem Schweinebraten, Schinken oder einem Emmentalerähnlichen Käse belegt. Das Sandwich wurde um die vorletzte Jahrhundertwende von Exilkubanern in Florida erfunden. Wo dies genau geschah, ist unklar. Noch heute streiten sich in Florida die beiden Großstädte Tampa und Miami um die Herkunft des Sandwiches.

Sandwich Elena Ruz: Kubanisches Brot, Schmelzkäse, Erdbeerkonfitüre, eingemachtes Obst oder Gemüse, Pouletbrust. Zum Namen gibt es originelle und weniger originelle Geschichten. Folgendes soll sich zugetragen haben: Elena Ruz, Tochter aus reichem und prominentem Haus, war in den späten 1920er-Jahren mit ihren Schulfreundinnen Gast im Restaurant El Carmelo in Havanna. Sie bestellte aus einer Laune heraus ein Sandwich aus leicht getoastetem kubanischem Brot, bestrichen mit Schmelzkäse und Erdbeerkonfitüre und gefüllt mit gebratener Pouletbrust. Diese Kreation schmeckte Elena. Doch jedes Mal, wenn sie mit ihren Freundinnen das Restaurant aufsuchte, musste sie bei der Bestellung das Rezept erneut erklären. Sie verlangte daher, dass «ihr» Sandwich auf die Speisekarte gesetzt werde. Der Inhaber war einverstanden und installierte zusätzlich eine Neon-Reklame im Schaufenster, welche das Elena-Ruz-Sandwich in großen Lettern anbot. Schnell wurde es zu einem Verkaufsschlager und andere Restaurants kopierten es.

Ropa Vieja: Wörtlich «alte Kleider». Zerpflücktes, gut gewürztes Rindfleisch. Erinnert geschmacklich an Gulasch.

Congri: Nationalgericht mit Reis und schwarzen Bohnen, häufig mit Fleisch oder Speck, gewürzt mit Tomaten, Chilis und Koriander. Der weiße Reis soll die Christen symbolisieren und die schwarzen Bohnen die Sklaven aus Afrika.

Canchánchara – Rezept Seite 124

KUBAS COCKTAILS

Eine Limette, einige frische Minzeblättchen, wenig Zucker, ein großer Schluck Rum und Mineralwasser. Das sind die Zutaten für den kubanischen Nationalcocktail, den Mojito.

Doch der Mojito ist nicht der einzige Cocktail, der seine Wurzeln in Kuba hat. Zur Zeit der Prohibition in den USA war Kuba die Drehscheibe für den Alkoholumschlag. Viele trinkfreudige und vermögende Amerikaner besuchten damals die Cocktailbars in Havanna. Die Mafiosi Al Capone und Meyer Lansky waren Stammgäste in Havannas Barbezirk.

1939 zog Ernest Hemingway mit seiner dritten Frau in eine Finca in einem Außenbezirk von Havanna. Er wär häufiger Gast in der Bar El Floridita und soll vor dem Abendessen jeweils einen Daiquiri genossen haben. Allerdings mit der doppelten Menge Rum, dafür ohne Zucker.

Der Daiquiri soll im El Floridita erfunden worden sei. Dagegen spricht aber der Name einer gleichnamigen Siedlung am anderen Ende der Insel, in der Nähe von Santiago de Cuba. Wie auch immer: Die Bar galt und gilt immer noch als eine der besten der Welt. Die illustren Gäste haben natürlich zu diesem Ruhm viel beigetragen. Als das El Floridita 1992 den Five Star Diamond für die beste Bar weltweit erhielt, waren unter anderem Naomi Campbell, Pierce Brosnan und Sean Connery unter den Gästen. Die pittoreske Bar befindet sich im Herzen von Havanna und ist, wen wundert es, auch ein Touristenmagnet.

Die Auswahl an kubanischen Cocktails ist riesig und beschränkt sich keineswegs auf den Mojito und den Daiquiri. Die wichtigsten sind: Mary Pickford, Havanna-Spezial, Canchánchara und Cuba libre.

LA HABANA
VIÑALES
WEST KUBA
MATANZAS
CENTR
TRINIDAD

KUBA
CAMAGÜEY
OST KUBA
BARACOA
SANTIAGO DE CUBA

Havanna

WESTKUBA

Die Region Westkuba besteht aus den Provinzen Pinar del Rio und Artemisa. Die Provinz Havanna rund um die Hauptstadt bildet den Übergang zu Zentralkuba. Die zwei Gebirgsketten Sierra del Rosario und Sierra de los Órganos prägen das Landschaftsbild. Sowohl im Norden wie im Süden gibt es weite und flache Küstenstreifen mit Mangrovenwäldern und Palmensavannen. Das Landesinnere ist hügelig. Kiefernwälder, Ackerbau und Tabakplantagen wechseln sich ab. In den fruchtbaren Tälern wachsen tropische Früchte wie Ananas, Papayas, Guaven und Mangos.

Havanna war und ist die Handelsdrehscheibe des Landes und damit kontinentalen und europäischen Einflüssen stärker ausgesetzt als der Rest des Landes. Die westkubanische Küche, die auch in Havanna stark verbreitet ist, verwendet häufig Oliven, Kapern und Rosinen, also typische Produkte aus der mediterranen Küche. Sie sind auch die Basis für die Alcaparrada-Mischung, die für Saucen oder zusammen mit Hackfleisch für Pastetenfüllungen oder Kroketten verwendet wird. Die Kroketten – die heute als Fingerfood sehr populär sind – stammen ursprünglich aus der französischen Küche.

Auch der Einfluss der chinesischen Küche ist in Westkuba sichtbar. Als 1815 auf dem Wiener Kongress die Abschaffung des Sklavenhandels beschlossen wurde, brauchten die spanischen Kolonialherren auf Kuba neue Arbeitskräfte. Sie fanden sie unter anderem in China. 1847 trafen die ersten Kulis ein. 1873 lebten bereits 150 000 Chinesen auf der Insel. Viele von ihnen ließen sich im Westen des Landes nieder und brachten neue Elemente in die kubanische Kochkultur. Süßsaure Gerichte und gebratenen Reis gibt es in Westkuba häufig. Eine der beliebtesten Suppen des Landes, die Sopa china, ist nichts anderes als die chinesische Zwiebelsuppe mit Ei.

Pinar del Rio

Die Hauptstadt der gleichnamigen Provinz liegt etwa 150 Kilometer westlich von Havanna. Die A4 verbindet die beiden Städte. Die mehrspurige Straße hat zum Teil tiefe Schlaglöcher. Die wenigen benzingetriebenen Fahrzeuge fahren manchmal im Slalomkurs um die gefährlichen Stellen und weichen gleichzeitig Pferdefuhrwerken und Radfahrern aus, die sich klar in der Überzahl befinden. Pinar del Rio gleicht einem farbigen Ameisenhaufen voller Leben. Der Ort gilt auch als Kubas Tabakhauptstadt. Im Zentrum der Stadt befindet sich eine Tabakfabrik, in der viele Menschen eine Arbeit gefunden haben. Hier wird auch heute noch vieles in Handarbeit gemacht. Die Fabrik ist ein beliebtes Touristenziel. Es mag der Anschein aufkommen, Pinar del Rio sei in der Vergangenheit stecken geblieben. Dem ist nicht so: Die Provinz, die nach der Revolution zu den ärmsten gehörte, ist mittlerweile eine der reichsten von Kuba. Der Grund ist einerseits die florierende Tabakindustrie und anderseits hat man sich im Westen der Insel dem technologischen Wandel nicht verschlossen. In Pinar del Rio werden heute unter anderem hochwertige Photovoltaikkomponenten für den Export hergestellt.

Das Umland der Stadt wird geprägt von weitläufigen Tabakfeldern und Kiefernwäldern. Dank den Kiefern am Rio Guamá kam die Stadt zu ihrem romantischen Namen (Pinar del Rio = Kiefernwäldchen am Fluss).

Viñales

Etwa 30 Kilometer nördlich von Pinar del Rio liegt der kleine Ort Viñales. Hier säumen bunte Häuser im Kolonialstil dicht aneinandergereiht die Hauptstraße. Viñales hat mehr Besucher als die zehnmal größere Provinzhauptstadt. Dies liegt vor allem an der ausgezeichneten Lage zwischen den niedrigen Gebirgszügen der «Cordillera de Guaniguanico» und der Nähe zu mehreren ausgedehnten Höhlensystemen, die besucht und erkundet werden können. Uns hat vor allem die wildromantische Landschaft beeindruckt. Hier und dort ragen plötzlich massive, unzugängliche Kegelkarstberge (Mogotes) aus den saftigen Wiesen des Talgrundes und machen die Landschaft einzigartig.

Oben Auf den Straßen Westkubas sieht man kaum Autos. | **Unten** Das Valle de Viñales mit seinen beeindruckenden Kalksteinfelsen.

Memorias I (Erinnerungen I) 120 cm × 100 cm

An Fäden 120 cm × 120 cm

Oben Im Parque Natural Topes de Collantes norwestlich von Trinidad gibt es abwechslungsreiche Wanderungen in einer atemberaubenden Landschaft. | Unten Trinidad – Kopfsteinpflaster und Häuser im Kolonialstil.

In Zentralkuba gibt es zwar auch einige Berge, aber einprägsamer sind die vielen endlosen Ebenen. Die Landwirtschaft spielt eine wichtige Rolle. Der größte Teil des kubanischen Zuckerrohrs kommt von hier.

Es überrascht nicht, dass viele Rezepte mit Zuckerrohr aus Zentralkuba kommen, so auch der älteste Cocktail, der Canchánchara.

In Zentralkuba treffen sich alle Stilrichtungen der kubanischen Küche, wobei die kreolische mit ihren Eintopfgerichten und Suppen am weitesten verbreitet ist.

Havanna

Die Provinz Havanna bildet den Übergang von West- nach Zentralkuba. Die Stadt Havanna ist mit großem Abstand die bevölkerungsreichste auf der Insel. In der größten Metropole in der Karibik wohnen auf relativ kleinem Raum zwei Millionen Kubaner. La Habana Vieja, die Altstadt, zählt zum UNESCO-Welterbe und wird von jedem zweiten Kuba-Touristen besucht. Überhaupt ist der Tourismus eine der wichtigsten und stabilsten Einnahmequellen Havannas. Die meisten Firmen Kubas haben ihren Sitz in der Hauptstadt. Trotz aller Dezentralisationsbemühungen seitens der Regierung hat Havanna die Stellung als wirtschaftliches Zentrum des Landes kontinuierlich ausbauen können.

Havanna ist eine internationale Stadt. Die Gastronomie ist entsprechend vielseitig und innovativ. Dank dem angespannten Verhältnis mit den USA gibt es in Kuba noch keine amerikanischen Fastfoodketten. Trotzdem versuchen die Einheimischen, den Touristen eine internationale Küche anzubieten. Immer dort, wo die kubanische Kochkultur Basis für kreative Gerichte ist, kann der Gast gute Qualität erwarten. Pizza, Fish and Chips gibt es nur in der Nähe von touristischen Hot Spots.

Camagüey

Die Stadt wurde ursprünglich an der Nordküste erbaut und war deshalb ein beliebtes Ziel für Piraten. Man verlegte die nach einem Indianerhäuptling benannte Siedlung deshalb ins Landesinnere. Die Altstadt von Camagüey ist nach Havanna die zweitgrößte der Insel und gehört ebenfalls zum UNESCO-Weltkulturerbe. Das Zentrum ist wild zusammengewürfelt und wird von breiten und schmalen Gassen durchquert, die oft ihre Richtung ändern. Nicht ortskundige Besucher verlieren schnell die Übersicht. Die irrgartenähnliche Struktur sollte möglichen Angreifern die Orientierung erschweren. Wir haben unsere Übernachtungsmöglichkeit, die uns vom vorherigen Gastgeber empfohlen worden war, prompt nicht gefunden ...

Vor den Hauseingängen stehen oft Tontöpfe in allen Größen. In ihnen sammelte man früher Regenwasser. Eine Legende besagt, dass wer aus dem persönlichen Topf eines Mädchens trinkt, sich in sie verlieben und sie nie mehr verlassen wird.

Santa Clara

Die Hauptstadt der Provinz Santa Clara ist mit ihrer Revolutionsgedenkstätte ein beliebtes Ziel für Touristen. Im Dezember 1958 hatte eine Rebellentruppe unter der Führung von Che Guevara die Stadt angegriffen und innerhalb von nur zwei Tagen besetzt. Die Einnahme von Santa Clara gilt als größte militärische Leistung von Che Guevara. Es war nach den Erfolgen in der gebirgigen Sierra Maestra der erste Sieg in der Ebene und machte den Rebellen den Weg frei nach Havanna. Als man viele Jahre später in Bolivien die sterblichen Überreste des lange Zeit als verschollen geltenden Revolutionärs fand, beschloss man, diese nach Kuba zu überführen. 1997 wurden Guevaras Gebeine in einem eigens erstellten Mausoleum in Santa Clara beigesetzt. Die Stadt entwickelte sich dank der beispiellosen Aura von Che Guevara zum Wallfahrtsort für Revolutionsromantiker.

Santa Clara ist eine moderne Universitätsstadt mit einer regen Kulturszene. Die Studenten prägen mit ihrer Jugend und ihren Aktivitäten das Bild der Stadt. Das Nachtleben gehört hier den Einheimischen und nicht den Touristen. Das macht Santa Clara und sein pittoreskes historisches Zentrum zu einem reizvollen Reiseziel.

Matanzas

Die Hauptstadt der gleichnamigen Provinz liegt direkt am Weg vom Flughafen Havanna nach Varadero, dem wohl bekanntesten Badestrand auf Kuba. Trotzdem wird die Stadt – abgesehen von einigen Tagestouristen – wenig besucht. Zu Unrecht, wie man schnell merkt, wenn man etwas länger bleibt. Die Hafenstadt liegt in einer Bucht und ist in Richtung eines sanften Hügels gewachsen. Auf dem Stadtgebiet münden drei Flüsse in die Bucht von Matanzas. Viele Brücken prägen das Stadtbild und führten zum Beinamen «Stadt der Brücken». Die Hafenstadt kam im 17. Jahrhundert dank dem Zuckerrohrexport und vor allem durch den Sklavenhandel zu Wohlstand. Noch heute ist Matanzas Kultur stark afrokubanisch geprägt.

Die Stadt hat neben Havanna den einzigen Bahnhof auf Kuba. Mehr noch: Der Hershey Train, der Matanzas mit Havanna verbindet, ist die einzige elektrifizierte Eisenbahnstrecke in der Karibik. Der Bahnhof selber erinnert uns Europäer an eine stillgelegte Haltestelle in der Provinz. Die Fahrt im veralteten Triebwagen nach Havanna hat gerade wegen der Baufälligkeit des Rollmaterials und der Infrastruktur einen gewissen Charme. Sie dauert etwas mehr als drei Stunden.

Linke Seite Am Plaza Mayor in Trinidad befinden sich die Trinidad Iglesia y Convento de San Francisco de Asís und mehrere Herrenhäuser im Kolonialstil. | Oben Trinidad – Das Kopfsteinpflaster soll einst als Schiffsballast von Boston nach Trinidad gekommen sein. | Unten Caibarién – Manufaktur und Laden.

Santiago de Cuba – im Hintergrund sind die Berge der Sierra Maestra.

STKUBA

Ostkuba umfasst die Provinz Las Tunas mit der gleichnamigen Hauptstadt und alle östlich davon liegenden Provinzen. Die Region ist vor allem im Südosten gebirgig, wild und teilweise unwegsam. Hier – in der Sierra Maestra – befindet sich mit dem Pico Turquino (1974 m) der höchste Berg der Insel. Der Gipfel ist auf der Küstenseite extrem steil abfallend. Das Gefälle setzt sich unter dem Meeresspiegel bis zum 7000 Meter tiefen Cayman-Graben fort. Die Sierra Maestra ist ein wilder Gebirgszug von rund 240 Kilometern Länge zwischen den Städten Manzanillo und Santiago de Cuba. Er verläuft parallel zur Küste des Karibischen Meeres. Dort, in den zerklüfteten und schwer zugänglichen Bergen, hatten sich die Guerillakämpfer von Fidel Castro und Che Guevara während der Revolution versteckt. Das ehemalige Hauptquartier der Rebellen erreicht man vom Dorf Santo Domingo aus über eine steile Bergstraße.

Der Parque Nacional Sierra Maestra ist ein Vogelparadies und bekannt für seine Pflanzenvielfalt. Neben zauberhaften Orchideen und Bromelien gibt es hier haushohe Farne, Agaven und etliche Bambusarten. Auch der weiße Ingwer – die Nationalblume – wächst hier. Die Kubaner nennen ihn Mariposa (Schmetterlingsblume).

In Ostkuba ist die Küche stark von der kreolischen Kochkultur beeinflusst worden. Gerne und großzügig werden grüner Pfeffer, Knoblauch, Kümmel und Zwiebeln verwendet, ebenso Oregano und Lorbeerblätter.

Wie in ganz Kuba spielen im Osten Reis und Bohnen eine wichtige Rolle. Arroz congri ist die beliebteste Variante: kubanischer Reis mit roten Bohnen, gewürzt mit Knoblauch, Pfeffer, Zwiebeln und Kümmel. Auch Ropa Vieja (pikant gewürztes Rindfleisch), Tamales (gefüllte Maisblätter), Eintöpfe und Suppen sind sehr populär. Eines der traditionellsten ostkubanischen Gerichte ist Pescado à la Santa Barbara – Fisch in Kokosnussmilch. Ein einfaches, schmackhaftes Gericht, welches in der Gegend von Baracoa sehr populär ist.

Ostkuba ist das Tor zum Atlantik. Daher ist nicht weiter erstaunlich, dass die Küche auch afrikanische und vereinzelt auch europäische Elemente enthält. Die tropischen Wurzelknollen Maniok (Yuka) und Yams kommen ursprünglich aus Afrika und haben sich in der ostkubanischen Küche längst integriert. Stellvertretend dafür steht Fufu, ein Gericht aus der schwarzafrikanischen Küche. Der feste Brei wird aus Kochbananen, Maniok oder Yams zubereitet. Es gibt ihn auch in anderen Regionen Kubas und je nachdem wird er mit Schweine- oder Hühnerfleisch oder mit Meeresfrüchten angereichert.

Santiago de Cuba

Die größte Stadt im Osten und die zweitgrößte auf der Insel liegt in einer Bucht am Karibischen Meer. Santiago de Cuba wurde von den Spaniern im 16. Jahrhundert gegründet und bald danach zur Hauptstadt bestimmt. Damals war der Ort der Hauptstützpunkt der spanischen Armada in der Karibik. Von hier aus wurde zu Expeditionen und Eroberungen in Mittel- und Südamerika aufgebrochen. Es gibt immer noch viele Kolonialbauten, die meisten sind allerdings in einem schlechten baulichen Zustand. Neben der spanischen Kultur ist auch die afrokubanische Kultur lebendig. Dies insbesondere im Juli während dem Karneval, einer farbenfrohen Veranstaltung mit viel rhythmischer Musik und Son Cubano-Tänzen, einer Urform des Salsa.

In Santiago de Cuba begann die Revolution. Fidel Castro, der hier aufgewachsen ist, stürmte mit seinen Mitstreitern 1953 die Moncada-Kaserne. Die Rebellen verschanzten sich ab 1956 vor allem in der Sierra Maestra. Die Stadt wurde zum Zentrum des zivilen Widerstands. Nach der Flucht von Diktator Batista übergab das Militär die Stadt kampflos den Rebellen und Fidel Castro verkündete in Santiago de Cuba am 1. Januar 1959 den Sieg der Revolution.

Größte Arbeitgeber in der Region sind eine Öl- und Gasraffinerie und einige Zuckerfabriken. Hier befindet sich auch die Rumdistillerie, die nach dem Wegzug von Bacardi aufgebaut wurde. Gut unterwegs ist zudem die Bierfabrik Hatuey, die den Namen des ersten Helden der kubanischen Nation trägt. Hatuey war ein Häuptling, der während der spanischen Eroberung heldenhaft, aber vergeblich gegen die Kolonialarmee kämpfte. Seine Silhouette wird vom Zigarrenhersteller Cohiba seit Jahrzehnten als Logo verwendet. Der Begriff «Cohiba» stammt übrigens auch aus der Sprache der Taíno-Indianer und bedeutet «Wickel aus Tabakblättern». Diese Tabakwickel haben schon die Ureinwohner Kubas geraucht.

Baracoa – Zentrum des Kakaos

Baracoa ist eine mittelgroße Stadt mit etwa 80 000 Einwohnern. Sie liegt ganz im Osten der Insel in der Provinz Guantánamo. Die Bahia de Miel (Honigbucht) auf der Meerseite und eine Gebirgskette auf der Landseite begrenzen die Stadt und sind der eigentliche Grund für ihre Abgeschiedenheit. Vor der Revolution war Baracoa nur über den Wasserweg erreichbar.

In der Umgebung von Baracoa ist das Klima ideal für den Anbau von Kakao. Der größte Teil des kubanischen Kakaos kommt aus dieser Gegend. Der Kakao ist mittelkräftig, er hat eine leichte Säure und feine Tabak-, Holz- und Nussaromen, manchmal auch Noten von Kirschen, Rosinen und Rohrzucker. Die Bohnen werden am Ort zu Schokolade verarbeitet.

Drei Viertel aller kubanischen Kokosnüsse kommen aus der Region Baracoa. Viele Spezialitäten aus der Region enthalten Kokosnussmilch. Weit herum bekannt ist das Fischgericht Pescado à la Santa Barbara.

Holguín

Der Flughafen ist der zweitgrößte auf der Insel. Hier landen Touristen, die Badeferien an einem der schönen Strände an der Nordküste gebucht haben. Für die Provinzhauptstadt interessiert sich kaum jemand, obwohl sich ein Besuch lohnen würde. Ciudad de los Parques wird die viertgrößte Stadt Kubas genannt. Hier gibt es viele größere und kleineren Plätze und Parks. Die Stadt kann man aus der Vogelperspektive sehen, wenn man die Loma de la Cruz (Kreuzhügel) im Norden der Stadt erklimmt. Wer die schier endlose Treppe mit den 460 Stufen bewältigt hat, wird mit einem fantastischen Ausblick auf die Stadt und die Umgebung belohnt.

Nicht nur die Strände von Guardalavaca liegen einen Steinwurf von Holguín entfernt, sondern auch der kleine Küstenort Gibara. Bunte, aneinandergereihte Häuser und ein Wirrwarr von Stromleitungen und Telefondrähten gehören zum Stadtbild mit der belebten Hauptstraße und den vielen engen Gässchen. Die Kleinstadt mit ihrer exponierten Lage an der Küste wird regelmäßig von Hurrikanen heimgesucht. Die wenigen Touristen besuchen den Aussichtspunkt und die Tabakfabrik. Doch es lohnt sich, das vergessene Juwel an der Küste zu erkunden. Die lokale Küche hält für Liebhaber von Fisch und Meeresfrüchten einige Überraschungen bereit.

WESTKUBA
Rezepte

Sopa de Mais Tierno

Zuckermaissuppe

Diese Suppe hat Suchtpotential. Man bekommt nie genug davon. Wenn man die Maiskörner nicht zu lange kocht, hat die Suppe einen frischen, grasigen Geschmack und eine süßliche Note.

für 4 Personen

20 g Butter
1 kleine Zwiebel, klein gewürfelt
1 EL Zucker
2 erntefrische Zuckermaiskolben
1 l Gemüsebrühe
1 dl/100 ml Rahm/Sahne
Salz
frisch gemahlener Pfeffer

Sprossen, für die Garnitur

1 Hüllblätter und Barthaare bei den Zuckermaiskolben entfernen. Maiskörner mit einem scharfen Messer vom Kolben schneiden.

2 Zwiebeln in der Butter glasig dünsten, Zucker zugeben und schwach karamellisieren, Gemüsebrühe und Zuckermais zugeben, etwa 15 Minuten köcheln lassen, pürieren.

3 Suppe mit Rahm aufkochen, 2 Minuten köcheln lassen, mit Salz und Pfeffer abschmecken.

4 Maiscremesuppe anrichten. Mit Sprossen garnieren.

Sopa China de Huevo

Chinasuppe mit Ei

Diese Suppe, die wir mit Ingwer und Bärlauch verfeinert haben, wird vor allem im Westen der Insel zubereitet, dort, wo sich die ersten Einwanderer aus China niedergelassen haben. Die Suppe wird mittlerweile auch in Zentral- und Ostkuba regelmäßig aufgetischt.

für 2 Personen

½ l Hühnerbrühe
1 Zimtstange
2 Sternanis
1 TL geriebener Ingwer
weißer Pfeffer
1 TL Sojasauce
1 Ei
1 TL Mais- oder Reismehl
1 EL fein geschnittener Bärlauch oder Schnittlauch
1 TL Olivenöl
1 Frühlingszwiebel mit Grün, in Ringen

1 Hühnerbrühe mit Zimtstange, Sternanis und Ingwer aufkochen und bei schwacher Hitze 5 Minuten köcheln lassen. Zimt und Sternanis entfernen.

2 Brühe mit Pfeffer und Sojasauce würzen. Ei aufschlagen, mit Mehl und Bärlauch mischen, langsam durch eine Gabel in die Suppe laufen lassen. 2 Minuten köcheln. Olivenöl zugeben. Mit Frühlingszwiebelringen bestreuen.

FRITURAS DE MALANGA

FRITTIERTE MALANGAKNOLLEN

Frituras de malanga werden in Kuba mit Petersilie zubereitet. Wenn der Bärlauch Saison hat, kann man ihn für diesen herrlichen, knusprigen Snack verwenden.

für 4 Personen

400 g Malanga
1 Ei
10 Bärlauchblätter oder
1 Sträußchen Petersilie
2 Knoblauchzehen, durchgepresst
1 TL Salz
2 rote Chilischoten, entkernt, fein geschnitten
frisch gemahlener Pfeffer

Öl, zum Frittieren

1 Malanga schälen und auf dem Gemüsehobel reiben. In einem Sieb gut ausdrücken.

2 Bärlauchblätter in Streifchen schneiden oder Petersilie von den Stielen zupfen und fein hacken.

3 Alle Zutaten mischen, mit Pfeffer abschmecken.

4 Malangamasse mit einem Teelöffel portionieren, im heißen Öl knusprig frittieren. Auf einem Küchenpapier abtropfen lassen.

Papaya con carne de cerdo

Papaya mit Schweinefleisch

In Kuba wird die Papaya normalerweise mit dem Fleisch mitgekocht und keine Kurkuma verwendet. Weil aber die Frucht wenig Eigengeschmack hat, sind Balsamico, Kurkuma und Kreuzkümmel eine willkommene Würze. Blaue Kartoffeln und Süßkartoffeln sind schöne Farbtupfer.

für 4 Personen

100 g grüne Papaya
1½ dl/150 ml Gemüsebrühe
1 TL Kurkuma
1 TL Kreuzkümmel
1 rote Peperone/Gemüsepaprika
1 EL weißer Balsamico

1 dl/100 ml Olivenöl
1 kg Schweinefleisch, Schulter oder Bauch, ohne Fett, 3 cm groß gewürfelt
frisch gemahlener Pfeffer
1 große Zwiebel, klein gewürfelt
2 Knoblauchzehen, klein gewürfelt
2 EL Rohrohrzucker
½ dl/50 ml Rotwein
1,1 dl/110 ml Ananassaft
1 EL Mehl
1 Bund Koriander, Blätter abgezupft und gehackt
Salz
frisch gemahlener Pfeffer

Garnitur
2 blaue Kartoffeln, gekocht
1 Süßkartoffel, gekocht
1 Orange, Filets
Sprossen

1 Papaya schälen, längs halbieren und entkernen, Hälften quer in feine Scheiben schneiden. Peperone halbieren, Stielansatz mit Kernen entfernen, Schotenhälften quer in Streifen schneiden.

2 Papaya mit ½ dl/50 ml Gemüsebrühe, Kurkuma und Kreuzkümmel bei schwacher Hitze weich garen. Peperoni und Essig zugeben und kurz mitkochen.

3 Schweinefleisch mit Pfeffer würzen, mit Mehl bestreuen und in in heißem Öl kräftig anbraten, Zwiebeln und Knoblauch mitbraten, Zucker zugeben und karamellisieren. Wein, Ananassaft und restliche Gemüsebrühe zugeben, etwa 60 Minuten köcheln lassen. Koriander zugeben. Mit Salz und Pfeffer abschmecken.

4 Papaya-Peperoni-Mix anrichten, Schweinefleisch daraufgeben, mit Kartoffel- und Süßkartoffelscheiben, Sprossen und Orangenfilets garnieren.

Croquetas de jamón
Schinkenkroketten mit Erbsenpüree

Luftiges Erbsenpüree und knusprige Kroketten sind ein spannender Kontrast.

für 20 Kroketten

Kroketten
40 g Butter
125 g Weißmehl
2 dl/200 ml Milch
1 TL Olivenöl
1 kleine Zwiebel, klein gewürfelt
2 Knoblauchzehen, klein gewürfelt
100 g Schinken, klein gewürfelt
2 EL fein gehackter Koriander
2 Eier, verquirlt
1 EL Rum
Salz
frisch gemahlener Pfeffer

2 Eier, verquirlt
Paniermehl
Olivenöl, zum Braten

Erbsenpüree
70 g mehligkochende Kartoffeln, gewürfelt
200 g erntefrische ausgelöste grüne Erbsen
½ dl/50 ml Kokosmilch
20 g Butter
Salz

1 Für die Kroketten die Butter erwärmen, Mehl zufügen und unter Rühren andünsten, Pfanne von der Wärmequelle nehmen, Milch mit Schneebesen unterrühren. Pfanne zurück auf das Kochfeld stellen und Bechamelsauce unter Rühren aufkochen und köcheln lassen, bis die Sauce eingedickt ist. Zwiebeln, Knoblauch und Schinken im Öl anbraten, mit Koriander, Eiern und Rum unter die Bechamelsauce rühren, mit Salz und Pfeffer würzen. Etwa 2 Stunden in den Kühlschrank stellen.

2 Für das Erbsenpüree Kartoffeln und Erbsen im Dampf weich kochen, mit Kokosmilch pürieren, Butter unterrühren, mit Salz würzen.

3 Teig in 20 Portionen teilen, zuerst im Ei und dann im Paniermehl wenden, im Öl knusprig backen.

4 Kroketten mit dem Erbsenpüree anrichten.

Linke Seite, oben Havanna – Glücklich ist, wer einen intakten Balkon besitzt. | **Linke Seite, unten** Farbenfrohe Karibik. | **Oben** Havanna – Während der Mittagszeit kehrt selbst in den Gassen der Hauptstadt ein wenig Ruhe ein.

Picadillo a la Habanera
Hackfleisch nach Havanna-Art

Die Rosinen im Originalrezept kann man durch frische oder getrocknete Preiselbeeren ersetzen. Das Gericht bekommt so eine dezente süßsaure Note.

für 2 Personen

- 2 EL Olivenöl
- 1 große Zwiebel, klein gewürfelt
- 2 Knoblauchzehen, klein gewürfelt
- 1 grüne Peperone/Gemüsepaprika, halbiert, entkernt, klein gewürfelt
- 400 g Rinderhackfleisch
- 250 g Tomatensauce
- 1 TL Oregano
- 1 TL Kreuzkümmel
- 100 g gefüllte Oliven
- 100 g Rosinen
- Salz
- frisch gemahlener Pfeffer

Zwiebeln, Knoblauch und Peperoni im Olivenöl andünsten, Hackfleisch zugeben und anbraten. Tomatensauce, Oregano, Kreuzkümmel und Oliven untermischen, bei schwacher Hitze 15 Minuten köcheln lassen, Rosinen unterrühren, mit Salz und Pfeffer würzen, 5 Minuten köcheln lassen.

Tipp
Picadillo a la Habanera wird in Kuba mit Reis, Kochbananen und schwarzen Bohnen serviert.

Sepia Enchilada
Tintenfische mit Enchilada-Sauce

Wir haben den schwarzen Pfeffer durch Szechuanpfeffer ersetzt. Sein intensives Aroma passt gut zum neutralen Tintenfisch.

für 2 Personen

200 g Tintenfische
1 Zitrone, Saft
1–2 Bio-Orangen, 2 TL fein geriebene Orangenschale
1 TL Paprikapulver
2 Msp Szechuanpfeffer
Salz
2 EL Olivenöl
1 Schalotte, klein gewürfelt
2 Knoblauchzehen, durchgepresst
1 dl/100 ml Weißwein
1 dl/100 ml Tomatensauce
1 rote Peperone/Gemüsepaprika, entkernt, in Ringen
1 gelbe Peperone/Gemüsepaprika, entkernt, in Ringen
3–4 Lorbeerblätter
frisch gemahlener Pfeffer
Salz
1 EL Weißweinessig
50 g grüne Oliven
½ Bund Petersilie, Blättchen abgezupft und grob geschnitten

1 Tintenfische waschen und mit Zitronensaft, Orangenschale, Paprika, Szechuanpfeffer und Salz 1 Stunde marinieren.

2 Schalotten im Öl glasig dünsten, Knoblauch und Tintenfische mit der Marinade zugeben und kurz dünsten, mit Weißwein ablöschen, Tomatensauce, Peperoni und Lorbeerblätter zugeben. Mit Pfeffer und Salz würzen. Erhitzen. Weißweinessig und Oliven zugeben, 5 Minuten köcheln. Lorbeerblätter entfernen. Mit Petersilie bestreuen.

Tipp
Mit Reis servieren.

PARGO ROJO ENVUELTO
RED SNAPPER IM KOCHBANANENMANTEL

Dieses Rezept ist eine Abwandlung des Pargo Almendrina, einem gebratenenen Fisch mit einer Butter-Mandel Sauce.

Unser knuspriger Kochbananen-Mantel kontrastiert mit dem weichen Fischfleisch. Für den kleinen Hunger kann man den Fisch ohne Beilage genießen. Der Timut-Pfeffer mit seiner Zitrusfruchtnote gibt dem Gericht das gewisse Etwas.

für 2 Personen

2 Red Snapper, Filets
2 EL Zitronensaft
1 Knoblauchzehe, durchgepresst
Salz
frisch gemahlener Pfeffer, vorzugsweise Timut-Pfeffer
1 Kochbanane
1 EL abgezupfte Petersilie

80 g Butter

2 frische Ananasscheiben, für die Garnitur
Zitronenachtel, für die Garnitur

1 Fischfilets mit Zitronensaft beträufeln, mit Knoblauch einreiben, mit Salz und Pfeffer würzen.

2 Kochbanane schälen und auf Gemüsehobel in hauchdünne Scheiben hobeln.

3 Fisch einseitig dicht mit Bananenscheiben belegen.

4 Butter in einer weiten Pfanne erhitzen und die Filets mit einer schnellen Bewegung mit der Bananenseite nach unten in die Pfanne legen und knusprig braten. Fischfilets wenden und 4 bis 5 Minuten braten.

5 Fischfilets anrichten und mit Petersilie bestreuen. Mit Ananasscheiben und Zitronen garnieren.

DORADA A LA PLANCHA CON PULPO
GEGRILLTE DORADE MIT OKTOPUS

Der Oktopus muss außen knusprig und innen weich sein. Er wird schnell gummig, wenn er zu lange und nicht heiß genug gegrillt wird. Am besten schmeckt er garniert mit dünnen Tomatenscheiben und Oliven, beträufelt mit Olivenöl.

für 2 Personen

2 Doraden
2 Oktopusarme
4 Knoblauchzehen
4 EL Olivenöl
Meersalz
frisch gemahlener Pfeffer
1 Bund glattblätterige Petersilie, Blättchen abgezupft und fein geschnitten
2 Chilischoten, entkernt, in Streifchen
Zitronenscheiben

1 Doraden waschen, ausnehmen und schuppen.

2 Knoblauch zum Olivenöl pressen. Fisch und Oktopus mit dem Knoblauchöl einreiben. Mit Salz und Pfeffer würzen.

3 Fisch und Oktopus auf dem heißen Grill beidseitig etwa 10 Minuten grillen. Mit Petersilie und Chili bestreuen. Mit Zitronen garnieren.

ARROZ SALTEADO CON VERDURAS
REIS MIT GEMÜSE

Hier haben wir in Abweichung zum Originalrezept Curry verwendet. Für eine Beilage die Reismenge halbieren.

für 4 Personen

2 EL Olivenöl
350 g Langkornreis
¾ l Gemüsebrühe
1 TL Curry
wenig fein geriebener Ingwer

2 EL Olivenöl
500 g gemischtes Gemüse, z. B. Zucchino, Grünspargel, grüne Bohnen, Peperone/Gemüsepaprika, Lauch, Zuckermais
wenig Gemüsebrühe
Salz
frisch gemahlener Pfeffer

1 Gemüse vorbereiten: Zucchino beidseitig kappen und in Würfelchen schneiden. Unteres Drittel des Grünspargels schälen, Spitzen ganz lassen, Rest in 2 cm lange Stücke schneiden. Stielansatz bei den grünen Bohnen abschneiden und Bohnen je nach Größe halbieren oder dritteln. Peperoni halbieren, Kerne entfernen, Schotenhälften in 1½ cm große Vierecke schneiden. Lauch in Streifen schneiden. Zuckermaiskörner mit scharfem Messer vom Kolben schneiden.

2 Reis im Olivenöl andünsten, mit Gemüsebrühe ablöschen, Gewürze zugeben, bei schwacher Hitze weich kochen.

3 Gemüse im Olivenöl unter Zugabe von wenig Gemüsebrühe knackig dünsten, mit Salz und Pfeffer abschmecken. Unter den Reis mischen.

Tamales dulces con salsa de vainilla
Süsse Tamales

Tamales bestehen traditionell aus gewürztem Schweinehackfleisch und Maismehl. Wir haben eine süße Variante für den Nachtisch kreiert.

für 4 Personen/6–8 Stück

2 Zuckermaiskolben mit Hüllblättern
200 g Frischkäse, am besten Cottage Cheese/Hüttenkäse
1 EL Zucker
150 g Maisgrieß (Polenta)
2 Eier
1 Bio-Zitrone, 1 TL abgeriebene Schale
1 Briefchen Vanillezucker
2 EL Rosinen

Zimt und Puderzucker, zum Bestäuben

Vanillesauce
3 dl/300 ml Milch
½ Vanilleschote, aufgeschnitten, Mark abgestreift
1 Eigelb
50 g Zucker
1 TL Maisstärke

1 Maisblätter nach unten legen und abbrechen. Blätter in reichlich Wasser 3 Minuten blanchieren. Auf einem Küchentuch ausbreiten.

2 Barthaare entfernen. Maiskörner mit dem Messer vom Kolben schneiden.

3 Alle Zutaten für die Füllung mischen und 1 Stunde in den Kühlschrank stellen.

4 2 Maisblätter kreuzweise aufeinanderlegen. 1 gehäufter Esslöffel der Füllung in die Mitte geben und einwickeln, mit Küchenschnur zu einem Päckchen binden. Maisblättertaschen in einen weiten Topf legen, ½ l Wasser zufügen, aufkochen, Tamales bei schwacher Hitze zugedeckt 15 Minuten köcheln lassen.

5 Für die Vanillesauce die Milch mit Vanillemark aufkochen. Eigelb, Zucker und Maisstärke verrühren, zur Milch geben und unter Rühren erhitzen, köcheln lassen, bis die Sauce leicht eingedickt ist.

6 Tamales noch heiß auspacken, mit Zimt und Puderzucker bestreuen und mit der Vanillesauce servieren.

ISLA FLOTANTE CON PERLAS DE TAPIOCA VERDE

VANILLECREME MIT EISCHNEEINSELN UND TAPIOKAPERLEN

Die Kubaner verwenden keine Tapiokaperlen. Sie beträufeln die Eischneeinseln mit Schokoladen- oder Karamellsauce und legen noch ein wenig Eischaumgebäck darauf. Die grünen Tapiokaperlen sehen attraktiv aus und sind eine kulinarische Verführung. Der Timut-Pfeffer gibt diesem Nachtisch eine spezielle Note.

für 2 Personen

Creme
4 dl/400 ml Milch
1 Vanilleschote, aufgeschnitten
2 Eigelbe
120 g Zucker
1 gehäufter TL Maisstärke
1 Bio-Zitrone,
½ TL abgeriebene Schale

Eischneeinseln
2 Eiweiß
1 Prise Salz
1 TL Maisstärke

Perlen
30 g grüne Tapiokaperlen
1½ dl/150 ml Orangensaft
1 TL Honig
1 Msp Timut-Pfeffer

Minzezweiglein

1 Tapiokaperlen im Orangensaft 1 Stunde einweichen.

2 Eiweiß mit Salz steif schlagen, Maisstärke untermischen.

3 3 EL Milch in einer Tasse beiseitestellen. Restliche Milch mit Vanilleschote erwärmen. Sobald sie leicht zu kochen beginnt, Eischnee mit einem Esslöffel portionieren und zur Milch geben, 2 Minuten köcheln lassen. Eischneeschaum wenden und weitere 2 Minuten kochen. Eischneeinseln abschöpfen und auf einen Teller legen. Milchtopf beiseitestellen.

4 Eigelbe und Zucker verrühren. Maisstärke in der restlichen Milch auflösen und unter die Eigelbmasse rühren. Eigelbmasse zur Milch geben, aufkochen und unter Rühren kochen lassen, bis die Creme bindet. In eine Schüssel geben und unter häufigem Rühren auskühlen lassen. Schüssel mit einer Klarsichtfolie verschließen, damit sich keine Haut bildet. Creme mindestens 3 Stunden in den Kühlschrank stellen.

5 Tapiokaperlen mit Orangensaft und Honig aufkochen, mit Timut-Pfeffer würzen, auskühlen lassen.

6 Tapiokoperlen auf Schalen/Gläser verteilen, Vanillecreme dazugießen, Eischneeinseln daraufsetzen. Minzezweiglein dazulegen.

Trinidad – Ab und zu erinnern Motorfahrzeuge daran, dass man sich im 19. Jahrhundert befindet.

ape

BUÑUELOS DE YUCA CON ESPUMA DE MASCARPONE Y MARACUYÁ

MANIOKBÄLLCHEN MIT PASSIONSFRUCHTSCHAUM

Salzige und süße Buñuelos gibt es überall in Kuba. Sie gehören zum Alltag und man sollte sie unbedingt probieren. DerPassionsfruchtschaum passt wunderbar zu den frittierten Maniokbällchen.

für 4 Personen

200 g Maniok
30 g weiche Butter
1 Ei
½ TL Backpulver
½ TL Soda-Bikarbonat
½ TL Zimtpulver
1 Msp Salz
50 g Zucker
½ TL Sternanispulver

Öl, zum Frittieren

Passionsfruchtschaum
1 Ei, getrennt
1 Orange, Saft
2 TL flüssiger Honig
2 Passionsfrüchte
2 EL Mascarpone

einige Physalis

1 Maniok schälen, in Stücke schneiden und im Dampf weich garen. Mit einer Gabel zerstoßen und erkalten lassen. Alle Zutaten mischen. Teig mit einem Teelöffel portionieren und im Öl frittieren. Auf Küchenpapier abtropfen lassen.

2 Passionsfrüchte aufschneiden, Fruchtfleisch herauskratzen und durch ein Sieb streichen.

3 Für den Fruchtschaum Eigelb, Orangensaft und Honig in einem Schüsselchen im heißen Wasserbad cremig-luftig aufschlagen. Passionsfruchtpüree unterrühren. Mascarpone unterrühren, im heißen Wasserbad weitere 3 Minuten rühren. Eiweiß steif schlagen und unter die Creme ziehen.

Crema de maní quemada con sal marina y helado

Gebrannte Creme mit karamellisierten Erdnüssen und Vanilleeis

Dieses Dessert ist eine Eigenkreation. Die Idee entstand, als wir an Weihnachten in Viñales einen Karamellflan gegessen haben. Er war so süß, dass man am liebsten ein wenig Salz dazu geleckt hätte.

für 2 Personen

Creme
50 g Zucker
½ l Milch
2 Eigelbe
1 TL Maisstärke
2 Msp Meersalz

2 Kugeln Vanilleeis

Karamellisierte Nüsse
100 g Erdnüsse
50 g Zucker

Kohlchips, Seite 88, für die Garnitur, nach Belieben

1 Erdnüsse im Brattopf schwach rösten, Zucker darüberstreuen und Erdnüsse karamellisieren. Auf Küchenpapier auskühlen lassen. Grob hacken. 2 EL Erdnüsse für die Garnitur beiseitestellen.

2 In einer Tasse 2 EL Milch mit Eigelb und Maisstärke gut verrühren. Restliche Milch erhitzen.

3 Zucker im Brattopf karamellisieren, heiße Milch und Eigelbmasse zugeben, unter Rühren erhitzen und unter dem Kochpunkt binden. Erdnüsse (einige Erdnüsse für die Garnitur aufbewahren) und Meersalz zur Creme geben. Unter Rühren auskühlen lassen. In Gläser füllen und in den Kühlschrank stellen.

4 Auf die Creme eine Kugel Vanilleeis setzen, restliche Erdnüsse darüberstreuen.

BATIDO

Bei allen Batido-Rezepten kann die Milch durch Naturjoghurt ersetzt oder damit verfeinert werden. Die Konsistenz des Batido ist stark von der Milch abhängig. Vollmilch gibt einen cremigen Drink, Milch mit niedrigerem Fettgehalt einen dünneren Drink.

Batidos sind sehr erfrischend und in Kuba beliebt. Sie sind eine gute Alternative zu Cocktails, wenn man einen speziellen Drink ohne Alkohol genießen möchte.

BATIDO DE PAPAYA

für 2 Personen

- 1 reife Papaya
- 3 dl/300 ml Milch
- 2 TL flüssiger Honig
- 2 Msp Gewürznelkenpulver

1 Papaya halbieren, entkernen und Fruchtfleisch aus der Schale lösen. Eventuell ein kleines Stück für die Dekoration abschneiden.

2 Alle Zutaten in das Mixerglas geben und mixen.

3 Batido de Papaya in Gläser füllen, dekorieren.

Abbildung

BATIDO DE COCO Y PIÑA

für 2 Personen

- 1 Tasse frische Ananasstücke
- ½ Tasse Kokosmilch
- ½ Tasse Milch
- 1 EL Limettensaft
- 1 TL Vanillezucker

1 Ananas und Kokosmilch mixen, restliche Zutaten zugeben und kurz weitermixen.

2 Batido de Coco in vorgekühlten Gläsern servieren.

Abbildung Seite 83, oben links

Batido de Mango

für 2 Personen

1 reife Mango
1 Tasse Milch
4 EL Limettensaft
1 TL Zucker oder flüssiger Honig

Mango schälen und Fruchtfleisch vom Stein schneiden. Mixen. Restliche Zutaten zugeben und weitermixen.

Abbildung oben rechts

Batido de Guayaba

für 2 Personen

1 Tasse Guaven, zerkleinert
4 TL Zucker
1 Tasse Milch
Minzeblättchen
einige Eiswürfel
Physalis, für die Garnitur

Alle Zutaten ohne Eiswürfel in den Mixer geben und mixen. Eiswürfel zugeben, nochmals 30 Sekunden mixen.

Abbildung unten links

Batido de Bananas

für 2 Personen

1 Tasse zerkleinerte Bananen
1 Tasse Milch
2 TL flüssiger Honig
1 Prise Zimtpulver
1 Prise Gewürznelkenpulver
einige Eiswürfel

Alle Zutaten ohne Eiswürfel mixen. Eiswürfel zugeben und weitermixen, bis das Eis zerkleinert ist und der Batido die gewünschte Konsistenz hat.

Abbildung unten rechts

ZENTRALKUBA

Rezepte

Sopa de Ajo
Knoblauchsuppe

Anstelle von schwarzem Pfeffer empfehlen wir Guineapfeffer, der eine leicht erdige Note hat, oder Szechuanpfeffer, der mit seinem würzigen Geschmack der Suppe ein ganz spezielles Aroma gibt.

für 2 Personen

3 EL Olivenöl
1 kleine Zwiebel, klein gewürfelt
8 Knoblauchzehen
1 mehligkochende Kartoffel, klein gewürfelt
½ l Gemüsebrühe
½ TL Paprika, mild
Salz
frisch gemahlener Pfeffer
1 EL fein gehackte Petersilie

einige Brotscheiben, getoastet

1 Zwiebeln und Knoblauchzehen im Olivenöl andünsten, Kartoffeln zugeben, mit Gemüsebrühe ablöschen, würzen, etwa 10 Minuten köcheln lassen.

2 Knoblauchsuppe pürieren. Petersilie zugeben. 2 Minuten köcheln lassen. Mit Toastbrot servieren.

REPOLLO CON CARAMELO DE SÉSAMO Y MANÍ

KOHLCHIPS MIT SESAMSAMEN UND KARAMELLISIERTEN ERDNÜSSEN

Das ist kein typisches kubanisches Rezept. Während unserer Reise hat uns oft der Heißhunger gepackt. Im ländlichen Zentralkuba gab es außer den Bananen keine andere Möglichkeit, unseren Hunger zu stillen. Gemüse- und Erdnussfelder haben uns zu diesem Rezept inspiriert.

für 2 Personen

10 Feder-/Grünkohlblätter
2 EL Öl
2 EL Sesamsamen
⅓ TL Chilipulver
Salz

3 gehäufte EL Zucker
2 EL geröstete, gehackte Erdnüsse

1 Federkohlblätter waschen und in einem Küchentuch trocknen. In mundgerechte Stücke zupfen.

2 In einer Schüssel Federkohlblätter mit Öl, Sesamsamen und Gewürzen mischen.

3 Backofen auf 150 °C vorheizen.

4 Federkohlblätter auf ein mit Backpapier belegtes Blech legen und im Ofen bei 150 °C knusprig backen. Ofentür ab und zu öffnen, damit der Dampf entweichen kann.

5 Zucker in einem kleinen Topf unter Rühren karamellisieren, Erdnüsse unterrühren.

6 Karamellisierte Erdnüsse auf die gebackenen Federkohlblätter verteilen.

Tijeras de cangrejo a la Vizcaina

Langustenscheren à la Vizcaina

Dieses Rezept stammt ursprünglich aus Spanien (Baskenland). Die Sauce à la Vizcaina wird häufig auch für Fischrezepte verwendet. Gewürznelken, Pernod und Zitronenschale gehören traditionell nicht dazu. Sie geben aber der Sauce einen besonderen, interessanten Geschmack, der hervorragend zu Meeresfrüchten passt.

für 2 Personen

- 2 EL Olivenöl
- 1 Zwiebel, klein gewürfelt
- 2 Knoblauchzehen, zerdrückt
- 8 Langustenscheren
- 1 TL Mehl
- 2 Tomaten
- 2 rote Peperoni/Gemüsepaprika
- ½ TL Nelkenpulver
- 1 Bio-Zitrone, 1 TL abgeriebene Schale
- Salz
- frisch gemahlener Pfeffer
- 2 EL Pernod

1 Tomaten kreuzweise einschneiden und in kochendes Wasser tauchen, bis sich die Haut löst, kalt abschrecken, schälen, Stielansatz ausstechen, Tomaten würfeln. Peperoni ganz auf ein Blech legen und im Backofen bei 200 °C rösten, bis die Haut dunkel ist, mit einem feuchten Tuch zudecken und abkühlen lassen. Haut abziehen. Peperoni halbieren. Stielansatz mit Kernen entfernen, Peperonihälften in Vierecke schneiden.

2 Langustenscheren mit Zange vorsichtig aufbrechen.

3 Zwiebeln und Knoblauch im Öl andünsten, Langustenscheren zugeben und 2 Minuten beidseitig anbraten. Aus der Pfanne nehmen.

4 Mehl in die Langustenpfanne streuen und kurz rösten. Tomaten und Peperoni zugeben, mit Nelkenpulver, Zitronenschale, Salz und Pfeffer würzen, köcheln, bis das Gemüse weich ist. Mit Pernod abschmecken. Langustenscheren zur Sauce geben, 3 Minuten zugedeckt köcheln lassen.

Tipp
Mit Reis servieren.

Guiso de quimbombo con pollo
Eintopf mit Pouletschenkel

für 4 Personen

- wenig Olivenöl
- 1 kg Poulet-/Hähnchenschenkel, Ober- und Unterschenkel getrennt
- 1 Zwiebel, klein gewürfelt
- 3 Knoblauchzehen, klein gewürfelt
- 1 kleines Stück Ingwer, fein gerieben
- Salz
- frisch gemahlener Pfeffer
- 1 Chilischote, halbiert, entkernt
- 2½ dl/250 ml Tomatensauce
- 4 dl/400 ml Hühnerbrühe
- 2½ dl/250 ml Weißwein
- 2 Kochbananen, geschält, grob geschnitten
- 1 Zitrone, geviertelt
- 4–5 Lorbeerblätter
- 1 TL Kreuzkümmel
- 3 EL Weißweinessig
- 1 EL Rohrohrzucker
- 500 g Okra, Stielansatz entfernt, halbiert

Pouletschenkel im Brattopf in wenig Öl anbraten, Zwiebeln, Knoblauch und Ingwer mitdünsten, mit Salz und Pfeffer würzen, Chili beigeben, mit Hühnerbrühe ablöschen, Tomatensauce und Weißwein dazugießen, Kochbananen, Zitronenviertel, Lorbeerblätter und Kreuzkümmel beigeben, etwa 30 Minuten köcheln lassen, bis die Kochbananen und das Pouletfleisch weich sind, mit Weißweinessig und Rohrohrzucker abschmecken, Okra beigeben, weitere 5 Minuten köcheln lassen.

Wichtig

Okras nicht zu lange kochen, weil sie sonst schleimig werden. Sie dürfen ein wenig knackig sein, so bewahren sie auch ihre frische, grüne Farbe. Diese Speise schmeckt auch mit frischem Koriander hervorragend.

Tipp

Solo oder mit Reis servieren.

Curry de pollo con plátano y ensalada de zanahoria picante

Pouletcurry mit Bananen und scharfem Karottensalat

Curryrezepte sind in Kuba nicht stark verbreitet, sie erfreuen sich aber immer größerer Beliebtheit.

für 2 Personen

Olivenöl
250 g Poulet-/Hähnchenbrust, gewürfelt
1 kleine rote Zwiebel, in Ringen
2 Frühlingszwiebeln mit Röhrchen, in Scheiben/Röllchen
1 Zucchino, in feinen Scheiben
1 dl/100 ml Gemüsebrühe
½ dl/50 ml Weißwein
1 dl/100 ml Kokosmilch
Salz
1 TL Paprika, mild
1 TL Curry
1 Banane, in Scheiben

Karottensalat
wenig Olivenöl
2 Knoblauchzehen, längs halbiert
½ rote Chilischote, entkernt, klein gewürfelt
Salz
½ TL Kreuzkümmel, gemahlen
1 EL Zucker
2 EL gehackte Petersilie
2 EL gehackter Koriander
½ Zitrone, Saft
2 Karotten, grob gerieben

2 EL gehackte Erdnüsse

1 Pouletfleisch in wenig Olivenöl anbraten, Zwiebeln und Zucchini 5 Minuten mitdünsten, Gemüsebrühe, Weißwein und Kokosmilch zugeben, mit Salz, Paprika und Curry würzen, bei schwacher Hitze 15 Minuten köcheln lassen. Bananen zugeben, weitere 5 Minuten köcheln lassen.

2 Für den Salat den Knoblauch im Olivenöl goldbraun braten, Chilischote beigeben, Salz, Kreuzkümmel und Zucker unterrühren, abkühlen lassen. Petersilie, Koriander und Zitronensaft unterrühren. Sauce mit Karotten mischen. 2 Stunden kühl stellen. Erdnüsse in der Bratpfanne rösten, über den Karottensalat streuen.

Pavo a la Camagüeyana
Truthahn Camagüey-Art

Sherry gibt dem Fleisch eine neue Geschmacksnote.

für 4 Personen

Erdnussöl
1 kg Trutenfleisch, Ragoutstücke
50 g Schinkenwürfelchen
150 g Speckwürfelchen
½ dl/50 ml Sherry
400 g Salsa Criolla
1½ dl/150 ml Gemüsebrühe
Salz, frisch gemahlener Pfeffer
3–4 Lorbeerblätter

Salsa Criolla
Olivenöl
2 Knoblauchzehen, klein gewürfelt
2 rote Chilischoten, entkernt, klein gewürfelt
10 g Knoblauchgrün oder Schnittlauch, klein geschnitten
1 große violette Zwiebel, klein gewürfelt
120 g Tomaten, gewürfelt
80 g Tomatenpüree
3–4 Lorbeerblätter
Salz, frisch gemahlener Pfeffer

Garnitur
10 g Butter
100 g Eierschwämmchen/Pfifferlinge
2 blaue Kartoffeln
½ Bund Grünspargel
½ Bund Karotten
Blüten
Salz, frisch gemahlener Pfeffer

1 Für die Salsa Knoblauch im Olivenöl braten, Chili, Knoblauchgrün und Zwiebeln mitdünsten, Tomaten, Tomatenmark und Lorbeerblätter zugeben, mit Salz und Pfeffer würzen, Sauce etwa 5 Minuten köcheln lassen. Lorbeerblätter entfernen.

2 Fleisch im Öl anbraten, in eine Gratinform verteilen. Schinken- und Speckwürfelchen in Fleischpfanne knusprig braten, mit Sherry ablöschen. Salsa Criolla und Gemüsebrühe zugeben, 3 bis 4 Minuten köcheln lassen, würzen. Unter das Fleisch mischen. Im vorgeheizten Ofen bei 200 °C etwa 40 Minuten garen.

3 Für die Garnitur Eierschwämmchen mit einer Bürste reinigen (nicht waschen) und in der Butter anbraten, mit Salz und Pfeffer würzen. Unteres Drittel des Grünspargels schälen, eventuell frisch anschneiden, Stangen in beliebig lange Stücke schneiden. Karotten in beliebig große Stücke schneiden. Spargel und Karotten im Dampf weich garen. Blaue Kartoffeln im Dampf separat weich garen.

4 Fleisch, Gemüse, Kartoffeln und Pilze anrichten, mit Salz abschmecken. Mit Blüten garnieren.

Oben Trinidad | **Unten** Caibarién – ruhige Kleinstadt mit bunter kolonialer Architektur. | **Rechte Seite** Caibarién – Die hölzernen Arkaden prägen das Bild der Innenstadt.

Cerdo de rancho en perlas de tapioca verde

Schweinefleisch-Strudel mit grünen Tapiokaperlen

In Abweichung zum Originalrezept haben wir das Fleisch angebraten. So kann sich beim Backen keine Flüssigkeit bilden und der Blätterteig bleibt trocken und knusprig.

für 4 Personen

500 g Blätterteig
1 Ei

1 EL Öl
1 große Zwiebel, klein gewürfelt
2 Knoblauchzehen, klein gewürfelt
500 g Schweineschnitzel, dünn geklopft
½ dl/50 ml Rum
1 Orange, Saft
½ TL Kreuzkümmel
Salz
frisch gemahlener Pfeffer
200 g Schinkenscheiben
50 g geriebener Käse

1 Ei, verquirlt

2 dl/200 ml Gemüsebrühe
50 g grüne Tapiokaperlen
1 Msp frisch gemahlener Pfeffer
1 Frühlingszwiebel mit Grün, fein geschnitten

1 Fleisch in eine Schüssel legen. Rum, Orangensaft und Kreuzkümmel verrühren und darübergießen. 1 Stunde zugedeckt marinieren. Fleisch trocken tupfen.

2 Zwiebeln und Knoblauch in einer großen Bratpfanne im Öl andünsten. Schweineschnitzel zugeben und kurz anbraten, mit Marinade ablöschen, mit Salz und Pfeffer würzen, köcheln lassen, bis die Flüssigkeit eingekocht ist. Erkalten lassen.

3 Blätterteig etwa 4 mm dick zu einem Rechteck ausrollen. Schinkenscheiben auf eine Hälfte legen, dabei einen Rand von 2 cm frei lassen. Schnitzel darauflegen. Zwiebeln und Käse darauf verteilen. Teigrand (2 cm) und seitliche Teigränder darüberlegen, freie Teighälfte darüberschlagen, mit wenig Wasser bepinseln und andrücken. Mit dem Teigende unten auf ein mit Backpapier belegtes Blech legen. Mit verquirltem Ei bepinseln. Strudel im vorgeheizten Backofen bei 200 °C 45 Minuten backen.

4 Gemüsebrühe aufkochen, Tapiokaperlen zugeben, mit Pfeffer würzen, bei schwacher Hitze 15 Minuten köcheln lassen. Frühlingszwiebeln zugeben. Pfanne von Wärmequelle nehmen, 15 Minuten ziehen lassen.

5 Strudel portionieren. Mit Tapiokaperlen anrichten.

Pollo con Alcaparra

Huhn mit Kapern

Der Alcaparra-Mix besteht aus Kapern, Oliven, Rosinen und gerösteten Peperoni. Er wird in verschiedenen Gerichten verwendet. Wir haben den Geschmack des auf der ganzen Insel beliebten Gerichtes mit wenig Gewürznelkenpulver verstärkt.

für 2 Personen

3 EL Olivenöl
1 Poulet/Hähnchen, in Teile zerlegt (Schenkel, Flügel, Brustteile)
2 mittelgroße Zwiebeln, klein gewürfelt
2 Knoblauchzehen, klein gewürfelt
2 rote Peperoni/Gemüsepaprika
250 g geschälte Tomaten, aus der Dose, zerkleinert
½ TL Gewürznelkenpulver
frisch gemahlener Pfeffer
Salz
2 dl/200 ml Weißwein
1 Orange, Saft
120 g gefüllte grüne Oliven
100 g Kapern
80 g Rosinen
100 g grüne Erbsen

1 Backofen auf 200 °C vorheizen.

2 Peperoni mit einer Gabel mehrmals einstechen. Auf ein Blech legen. Im Ofen bei 200 °C etwa 30 Minuten rösten, bis die Haut dunkel ist. Mit einem feuchten Tuch zudecken und abkühlen lassen. Haut abziehen, Schoten halbieren und Kerne entfernen, Schotenhälften vierteln.

3 Öl in einem Brattopf erhitzen, Pouletteile portionsweise anbraten und aus der Pfanne nehmen.

4 Zwiebeln und Knoblauch im Brattopf andünsten, Peperoni mitdünsten, Tomaten und Gewürze unterrühren und bei schwacher Hitze 10 Minuten köcheln. Weißwein, Orangensaft, Oliven, Kapern, Rosinen und grüne Erbsen unterrühren. Pouletteile zugeben. In den Ofen schieben und zugedeckt 20 Minuten garen. Deckel entfernen, weitere 15 Minuten garen.

Tipp
Mit Kartoffeln oder Reis servieren.

GEBACKENER FISCH MIT PANADE

Pikanter und sehr aromatischer Fisch. Als Beilage braucht es bei dieser Fischmenge und der Panade nicht mehr viel. Dieses Gericht existiert in Kuba in unzähligen Variationen. Wir haben den Panadenmix mit Mandeln und Gewürznelken verfeinert.

für 2 Personen

500 g Fischfilets, z. B. Kabeljau, Red Snapper
Salz

Panade
40 g Butter
1 kleine Zwiebel, klein gewürfelt
2 Knoblauchzehen, durchgepresst
1 Bund Petersilie, Blättchen abgezupft und fein gehackt
1 Bio-Zitrone, Zesten
50 g geschälte, geriebene Mandeln
1 EL geriebenes helles Brot (Mie de pain)
4 Lorbeerblätter, fein zerbröselt
½ TL Gewürznelkenpulver
1 rote Chilischote, halbiert, entkernt, in Streifen
Salz
frisch gemahlener Pfeffer

einige Thymianzweiglein

1 Backofen auf 200 °C vorheizen.

2 Zwiebeln und Knoblauch in der Butter andünsten, von der Wärmequelle nehmen, restliche Zutaten für die Panade untermischen, würzen.

3 Fischfilets beidseitig salzen, nebeneinander in eine mit Butter eingefettete Gratinform legen, Panade auf den Fischfilets verstreichen. Mit Thymianzweiglein belegen.

4 Fischfilets im Ofen bei 200 °C backen, bis das Fleisch nicht mehr glasig und weiß ist: Degustieren!

Mie de pain
Weißbrot entrinden und tiefkühlen. Gefrorenes Brot auf der Bircherraffel reiben. Sofort verwenden oder für den Vorrat wieder tiefkühlen.

HUEVOS A LA FLORENTINA
EIER FLORENTINER-ART

Das Originalrezept stammt – wie der Name sagt – ursprünglich aus Florenz. In Kuba ist das Gericht sehr beliebt und wird in den meisten Restaurants zum Frühstück angeboten.

für 2 Personen

40 g Butter
1 kleine Zwiebel, klein gewürfelt
300 g erntefrischer Spinat
30 g Mehl
½ l Milch
1 EL geriebener Käse
50 g Sardellen, zerkleinert
frisch gemahlener Pfeffer
Salz, nach Belieben

2 Eier

1 Zwiebeln in der Butter andünsten, Spinat zugeben und unter Rühren 5 Minuten dünsten, Mehl darüberstreuen, weitere 2 Minuten dünsten. Milch zugeben und rühren, bis sie die Konsistenz einer Bechamelsauce hat. Käse und Sardellen unterrühren. Mit Pfeffer und Salz würzen.

2 Spinat in eine eingefettete Gratinform füllen. Eier darauf aufschlagen. Im vorgeheizten Ofen 15 Minuten bei 200 °C backen.

Buñuelos de papas

Kartoffelbällchen

Außen knusprig und innen weich. Würze geben Kreuzkümmel und Koriander. Die Kartoffelbällchen passen gut zu Fleischgerichten.

für 4 Personen

300 g festkochende Kartoffeln
50 g Butter
2 Eier
2 EL Maisstärke
1 Bund Koriander, Blättchen abgezupft und gehackt
1 TL Paprikapulver
1 TL Kreuzkümmelpulver
1 TL Salz

200 g Semmelbrösel, Mie de pain, Seite 104, oder Paniermehl

Frittieröl

1 Kartoffeln in der Schale im Dampf weich kochen, noch heiß schälen und mit der Butter verstampfen. Eier, Maisstärke und Kräuter unterrühren, würzen.

2 Aus der Kartoffelmasse Kugeln formen, in den Semmelbröseln wenden und im heißen Öl frittieren. Auf Küchenpapier abtropfen lassen.

Papaya verde caramelizada
Karamellisierte grüne Papaya

Zitronenschale und Zimt geben der Süßspeise zusätzlich Geschmack. Die Speise ist bei den Arbeitern auf den Zuckerrohrfeldern beliebt, weil sie schnell zubereitet ist und gut sättigt. In Kuba werden grüne Papayas oft als Ersatz für Gemüse verwendet.

für 4 Personen

150 g Zucker
1 grüne Papaya, ca. 500 g
½ TL Zimtpulver
⅓ TL Gewürznelkenpulver
1 Bio-Zitrone, 1 TL fein geriebene Schale und 2 EL Saft

1 Becher Naturjoghurt
Kirschen, für die Garnitur

1 Papaya schälen, Frucht halbieren und entkernen, Fruchtfleisch in Würfel schneiden.

2 In einem hoch erhitzbaren Topf den Zucker unter Rühren leicht karamellisieren. Papaya, Gewürze, Zitronensaft und -schale zugeben und zugedeckt bei schwacher Hitze köcheln lassen, bis das Fruchtfleisch weich ist. Kalt oder warm mit Naturjoghurt servieren und mit Kirschen garnieren.

Yemitas Asadas
Luftiges Eierküchlein

In Kuba wird für die Yemitas die Eigelbmasse im heißen Wasserbad gestockt, nach dem Abkühlen portioniert und mit Zucker bestreut. Aus der ursprünglich schweren Masse wird durch die Zugabe des Eiweißes und durch das Backen ein wunderbar luftiges, federleichtes Gebäck!

für ca. 15 Stück

- 220 g Zucker
- 1¼ dl/125 ml Wasser
- 1 Bio-Zitrone, 1 TL Saft und fein abgeriebene Schale
- 1 TL Zimtpulver
- 6 Eier
- 2 TL Maisstärke
- ½ TL Vanilleextrakt
- 1 EL Rum
- ½ dl/50 ml Rahm/Sahne
- 50 g geschälte, geriebene Mandeln
- 1 EL Mehl

1 Backofen auf 175 °C vorheizen.

2 Mandeln in der Bratpfanne unter Rühren hellbraun rösten.

3 Zucker, Wasser, Zitronensaft und -schale sowie Zimt aufkochen, auf etwa 50 °C abkühlen lassen. Eier trennen, Eigelbe unter den Zuckersirup rühren. Maisstärke in wenig Wasser auflösen und zugeben, unter Rühren erwärmen, bis die Masse bindet. Vanilleextrakt, Rum und Rahm unterrühren, Mandeln und Mehl mischen und unterrühren. Eiweiß steif schlagen und unterziehen. In die eingefetteten Portionenförmchen füllen.

4 Küchlein bei 175 °C goldbraun backen.

Oben Taxi wartet auf Kundschaft. | Unten links Nicht die «Bocca della Verità», sondern ein kubanischer Briefkasten … | Unten rechts Seitdem die finanzielle Unterstützung der Sowjetunion ausbleibt, leidet die Straßeninfrastruktur. | Rechte Seite Eingangsportal

CHIVIRICOS
FRITTIERTE TEIGFLADEN

Traditionelle Chiviricos werden mit Weißwein zubereitet und nach dem Frittieren mit weißem Zucker bestreut. Wir haben den Weißwein durch Rum ersetzt. Er passt hervorragend und ist erst noch typisch kubanisch. Der Vanillepuderzucker verfeinert den Geschmack und wertet das Gebäck optisch auf. Wer mag, verwendet zum Bestreuen zusätzlich Zimt… Chiviricos – eine herrliche Knabberdelikatesse!

Dieses Gebäck wird in Havanna oft von Straßenhändlern verkauft.

für 15 Stück

- 240 g Weißmehl
- ½ TL Salz
- 1 EL Zucker
- 4 EL Kokosöl
- 1 Ei
- 2 EL weißer Rum
- wenig Wasser

- Frittieröl
- Vanillepuderzucker, zum Bestreuen

1 Mehl, Salz, Zucker, Kokosöl, Ei und Rum mischen, mit wenig Wasser zu einem glatten Teig kneten. 1 Stunde zugedeckt ruhen lassen.

2 Teig dünn ausrollen und mit einem Messer Dreiecke oder Vierecke schneiden.

3 Teigstücke im heißen Öl goldbraun frittieren und auf Küchenpapier abtropfen lassen.

4 Mit Vanillepuderzucker bestreuen.

PASTEL DE PATATA DULCE
SÜSSKARTOFFELKUCHEN

Dieser Kuchen wird normalerweise mit Kuhmilch und ohne Gewürze und Apfel zubereitet. Wir finden, der Apfel macht die Füllung saftiger und Kokosmilch und Gewürze geben ihr ein kräftiges Aroma.

für 6 Personen/1 runde Form von 26 cm Durchmesser

Teig
- 100 g Weißmehl
- 100 g Haferflockenkleie
- 1 Ei
- 60 g Zucker
- 100 g weiche Butter
- 1 Bio-Zitrone, 1 TL abgeriebene Schale
- 1 TL Backpulver
- 1 Msp Salz

Füllung
- 400 g Süßkartoffeln
- 20 g Butter
- ½ dl/50 ml Kokomilch
- 1 Apfel
- 30 g Zucker
- 1 Ei
- 1 Briefchen Vanillezucker
- ½ TL Nelkenpulver
- ½ TL Zimtpulver

- 100 g Mandelblättchen
- 50 g Rosinen

1 Für den Teig alle Zutaten mischen und zu einem Teig kneten, in Klarsichtfolie einwickeln und kühl stellen.

2 Süßkartoffeln schälen und im Dampf weich garen. Auskühlen lassen. Süßkartoffeln, Butter und Kokosmilch mixen. Apfel schälen und dazureiben. Restliche Zutaten zugeben, gut mischen.

3 Teig zwischen Klarsichtfolien auf Formgröße ausrollen, auf ein Backpapier stürzen und mit dem Backpapier in die Form legen. Teigboden mit einer Gabel mehrmals einstechen.

4 Füllung auf den Teigboden verteilen, mit Mandelblättchen und Rosinen bestreuen.

5 Süßkartoffelkuchen im vorgeheizten Ofen bei 200 °C etwa 30 Minuten backen.

Cocktails

Die kubanischen Cocktails basieren zum Teil auf Rezepten, die über hundert Jahre alt sind. Dass sich die Rezepte im Laufe der Zeit verändert haben, liegt auf der Hand.

Bei den Rezepten in diesem Buch handelt es sich um Standardrezepte, wie sie in der Gastronomie am häufigsten verwendet werden. Natürlich darf man sie je nach persönlicher Vorliebe weiterentwickeln. Salud!

Mojito

Traditioneller kubanischer Drink – manchmal auch Nationalcocktail genannt –, in der Karibik seit Jahrhunderten ein beliebtes Rumgetränk. Der Freibeuter und Entdecker Francis Drake soll bei seinen ersten Kaperfahrten in die Karibik ein Gemisch aus einfachem Zuckerrohrschnaps, Limette und Minze zur Linderung seiner Magenbeschwerden getrunken haben. Das Getränk wurde später mit Rum angereichert und verbreitete sich rasch im karibischen Raum. Die Spanier, von Drake und dessen Flotte beeindruckt, gaben dem Getränk seinen Namen – El Draque (der Drache). Woher die Bezeichnung Mojito stammt, weiß man nicht mit Bestimmtheit. Sie könnte vom westafrikanischen Wort mojo (Zauber) abstammen. Mit dem spanischen Diminutiv würde Mojito also «kleiner Zauber» bedeuten. Andere Erklärungen sind die Gewürzmischung Mojito oder das spanische Wort mojado (nass).

Ernest Hemingway war ein großer Rum-Liebhaber. Er trank seinen Mojito gerne in der Bar Bodeguita del Medio in Havanna. Sein Zitat «Mi mojito en la Bodeguita y mi daiquiri en el Floridita» hängt heute noch über der Theke.

1 Glas

1 Limette, Saft
einige frische Minzeblättchen
wenig weißer Zucker
1 kräftiger Schuss Rum
Mineralwasser

Zutaten mixen und in einem vorgekühlten Longdrink-Glas servieren.

Daiquiri

Daiquiri ist eine Siedlung im Westen der kubanischen Insel. Ob es einen Zusammenhang zwischen dem Ortsnamen und dem berühmten Cocktail gibt, ist nicht bekannt. Hingegen sagt eine Legende, dass der Daiquiri in der Bar El Floridita in Havanna erfunden worden ist. Die Bar ist heute nicht nur, aber auch wegen des Daiquiri ein Touristenmagnet. Dass Ernest Hemingway Ende der 1930er- und Anfang der 1940er-Jahre fast jeden Abend einen oder mehrere Daiquiri genossen hat, davon profitiert die Bar heute noch.

Ernest Hemingway war Diabetiker und verzichtete deshalb meistens auf Zucker und bestellte dafür die doppelte Menge Rum. Sein Daiquiri ist als Hemingway-Special im Angebot.

1 Glas

kubanischer weißer Rum
frisch gepresster Limettensaft
Rohrzuckersirup

Zutaten im Verhältnis 5:3:2. Mit Eis im Cocktailshaker schütteln. Durch ein Sieb in eine vorgekühlte Cocktailschale gießen.

Abbildung

Mary Pickford

Den Cocktail kennen bei uns die wenigsten. Anders Gladis Louise Smith, die unter dem Synonym Mary Pickford Stummfilmkarriere machte und später selber hinter der Kamera stand. Der Drink soll ihr zu Ehren kreiert worden sein, als sie in den 1920er-Jahren zu Filmaufnahmen in Kuba weilte.

1 Glas

2 Schuss weißer Rum
1½ Schuss frischer Ananassaft
¼ Schuss Grenadine
⅛ Schuss Maraschino

Alle Zutaten mit Eis im Cocktailshaker schütteln. Durch ein Sieb in ein vorgekühltes Glas (Coupette) gießen.

Abbildung Seite 126, oben rechts

Havanna Special

Allen, die den Daiquiri als ein wenig zu sauer empfinden, sei der fruchtig-süße Havanna Special empfohlen.

1 Glas

- Cointreau
- weißer Rum
- Ananassaft
- Limettensaft

Zutaten in gleichen Teilen mit Eis im Cocktailshaker kräftig schütteln. Durch ein Sieb in ein vorgekühltes Glas (Tumbler) gießen.

Abbildung

Canchánchara

Der allererste kubanische Cocktail. Für die Sklaven auf den Zuckerrohrplantagen wurde damit der Alltag ein wenig erträglicher. Natürlich gab es damals weder Eis noch gekühlte Gläser. Auch dürfte anstelle des Honigs die überall vorhandene Zuckerrohrmelasse verwendet worden sein. Die Qualität des Rums wird auch nicht die heutige gewesen sein.

1 Glas

- 2 Schuss Rum
- 1 guter Schuss Limettensaft
- 3 TL flüssiger Honig

Alle Zutaten im Glas (Tumbler) rühren, bis sich der Honig aufgelöst hat. Eiswürfel zugeben.

Abbildung Seite 126, unten links

Cuba libre

Wer kennt ihn nicht? Den Drink, den man fast in jeder Bar bekommt. Wie der Name unschwer verrät, entstand der Drink nach der Befreiung Kubas von der spanischen Kolonialherrschaft am Ende des spanisch-amerikanischen Krieges. Die US-Soldaten sollen mit einem Getränk aus Coke, Rum und Limettensaft auf die Befreiung Kubas angestoßen und dabei «Viva Cuba libre» gerufen haben.

Wie bei vielen Cocktails gibt es natürlich auch für Cuba libre unzählige Varianten. Die bekannteste:

1 Glas

Rum
Coke
Eiswürfel
1 Limette

Rum und Coke im Verhältnis 1:3 mit Eiswürfeln in ein Longdrink-Glas füllen. 2 Limettenviertel über dem Glas auspressen. Gut rühren. Glas mit einer Limettenscheibe garnieren.

Abbildung oben links

Piña colada

Dieser Cocktail stammt aus den Sechzigerjahren. Er hat seine Wurzeln im Karibikstaat Puerto Rico. In Kuba ist die Piña Colada heute ein beliebter Cocktail.

1 Glas

6 cl Rum
100 ml/1 dl Ananassaft
4 cl Kokosmilch oder Kokoscreme (Cream of Coconut)
3–4 Eiswürfel

Zutaten im Cocktailshaker schütteln. Durch ein Sieb in ein Fancy- oder Rotweinglas füllen.

Abbildung unten rechts

Club

Havana Club

Out of the blue 120 cm × 120 cm

Llanto (Tränen) 100 cm × 100 cm

HAB560
P052141

OSTKUBA

Rezepte

Sopa de guisantes
Gelberbsensuppe

Diese traditionelle Suppe wurde uns in La Boca angeboten. Gelberbsen, leicht süßliche Karotten und der charakterisitische Geschmack des Kümmels ergänzten sich perfekt. Ein einfaches Gericht, das uns begeisterte.

für 4 Personen

2 EL Olivenöl
1 mittelgroße Zwiebel, klein gewürfelt
2 Knoblauchzehen, klein gewürfelt
1 TL Kreuzkümmel
1½ l Gemüsebrühe
120 g Gelberbsen, gewaschen
frisch gemahlener Pfeffer
2 Karotten, in feinen Scheiben
½ Bund Petersilie, Blättchen abgezupft und fein gehackt
Salz
frisch gemahlener Pfeffer

Zwiebeln und Knoblauch im Olivenöl glasig dünsten, Kreuzkümmel kurz mitdünsten, mit Gemüsebrühe ablöschen. Gelberbsen zugeben, mit Pfeffer würzen, 10 Minuten köcheln lassen. Karotten und Petersilie zugeben, köcheln lassen, bis die Gelberbsen weich sind. Abschmecken mit Salz und Pfeffer.

Gamba Enchilada
Riesenkrevetten mit Enchiladasauce

Dieses Gericht wird normalerweise mit Langusten zubereitet. Sie sind bei uns nicht oder nur zu einem stolzen Preis erhältlich. Riesenkrevetten sind eine gute und ebenso köstliche Variante.

für 2 Personen

8 frische Riesenkrevetten/-garnelen
Olivenöl
Salz
frisch gemahlener Pfeffer

1 Riesenkrevetten waschen und längs ein-, aber nicht durchschneiden, flach legen. Auf beiden Seiten mit wenig Öl bepinseln, mit Salz und Pfeffer würzen. In der Grillpfanne beidseitig je 2 Minuten braten. Herausnehmen und beiseitelegen.

1 Zwiebel, in feinen Ringen
3 Frühlingszwiebeln mit Röhrchen, Zwiebel in feinen Scheiben, Röhrchen grob geschnitten
1 rote Chilischote, entkernt, in Ringen
1 grüne Peperone/Gemüsepaprika
½ TL Kümmel
5 Knoblauchzehen, in feinen Scheiben
1¼ dl/125 ml Weißwein
2½ dl/250 ml Tomatensauce
0,6 dl/60 ml Essig
2 TL Zucker
Salz

2 Zwiebeln und Frühlingszwiebeln in einer Pfanne glasig dünsten, Chili, Peperoni, Kümmel und Knoblauch mitdünsten, mit Weißwein ablöschen, Tomatensauce zugeben, mit Essig, Zucker und Salz würzen, 5 bis 8 Minuten köcheln lassen. Riesenkrevetten zugeben und nochmals 1 Minute köcheln lassen.

FUFÚ CON CARNE MOLIDA Y QUESO
HACKFLEISCHGRATIN MIT KÄSE

In Kuba wird dieser Gratin ausschließlich mit Kochbananen zubereitet. Wir bevorzugen die süßliche Note der Fruchtbananen, die mit Gewürznelken und frischem Koriander einen harmonischen Mix geben.

für 4 Personen

3 EL Olivenöl
1 Zwiebel, klein gewürfelt
2 Knoblauchzehen, klein gewürfelt
250 g Hackfleisch
2 Poulet-/Hähnchenschenkel
1 TL Kreuzkümmel
1 TL Paprikapulver
Salz
frisch gemahlener Pfeffer
1 Limette, Saft

600 g Kochbananen
600 g Bananen
50 g Butter
Salz
2 Msp Muskatnuss
2 Msp Nelkenpulver
1 Bund Koriander

100 g geriebener Käse

1 Kochbananen und Bananen mit Schale waschen und dritteln. Kochbananen im Salzwasser etwa 15 Minuten kochen, bis sie weich sind. Die übrigen Bananen zugeben und 5 Minuten mitkochen. Wasser abgießen. Bananen auskühlen lassen.

2 Poulethaut abziehen und Schenkel im Salzwasser weich kochen. Fleisch vom Knochen lösen und zerkleinern.

3 Zwiebeln und Knoblauch im Olivenöl andünsten, Hack- und Pouletfleisch zugeben und anbraten. Mit Kreuzkümmel, Paprika, Salz und Pfeffer würzen, kurz weiterbraten. Mit Limettensaft abschmecken. Beiseitestellen.

4 Bananen schälen und mit Butter stampfen. Mit Salz, Muskatnuss und Gewürznelken würzen. Korianderblätter von den Stielen zupfen und grob hacken, unter die Bananen mischen.

5 Backofen auf 170 °C vorheizen.

6 Eine Gratinform mit Butter einfetten, die Hälfte der Bananen auf dem Boden verstreichen. Die Hälfte des Fleisches darauf verteilen, mit Käse bestreuen. Restliche Bananen und restliches Fleisch darauf verteilen, mit Käse bestreuen.

7 Gratin im vorgeheizten Ofen bei 170 °C 30 Minuten backen.

Die Albòndigas gehören seit Jahrhunderten zur spanischen Tapas-Kultur. Sie kamen im 16. Jahrhundert mit der Kolonialisierung auf die Insel.

für 4 Personen

400 g Rinderhackfleisch
1 große Zwiebel, klein gewürfelt
1 Chilischote entkernt, klein gewürfelt
2 EL Tomatenpüree
200 g Paniermehl
Salz
frisch gemahlener Pfeffer
1 TL Oregano
1 TL gemahlener Kümmel

Mehl
Öl, zum Frittieren

Sauce
2 EL Olivenöl
1 kleine Zwiebel, klein gewürfelt
2 Knoblauchzehen, klein gewürfelt
1 Chilischote entkernt, klein gewürfelt
6 EL Tomatenpüree
3 Lorbeerblätter
4 dl/400 ml Gemüsebrühe
3 EL Ketchup
Salz
1 EL Zucker
2 EL Sherry

1 Für die Sauce Zwiebeln, Knoblauch und Chili im Öl andünsten, Tomatenpüree mitdünsten, Lorbeerblätter zufügen, mit Gemüsebrühe ablöschen, 20 Minuten köcheln lassen. Lorbeerblätter entfernen. Ketchup unterrühren, mit Salz, Zucker und Sherry abschmecken.

2 Für die Hackfleischbällchen alle Zutaten mischen und kleine Bällchen formen. Bällchen im Mehl wenden und in heißem Öl goldbraun frittieren, zur Sauce geben.

Tipp
Mit Reis servieren.

Linke Seite Santiago de Cuba wurde 1515 von den Spaniern erbaut und hat seine koloniale Architektur bis heute behalten. | **Oben** Auf Kuba gibt es keinen Burger von McDonald's, keinen Kaffee von Starbucks und keine Cola-Reklame. Rubén betreibt seine Nähmaschine seit jeher mit Muskelkraft und hofft auf eine politische Öffnung und zahlungskräftige Touristen, die ihm seine handgefertigten Slippers abkaufen. | **Unten** Kreativität – das Markenzeichen der Kubaner.

ALMOHADA PICADA
HACKFLEISCHKISSEN

Hackfleisch wird in Kuba sehr vielseitig zubereitet. Wir haben in diesem Rezept die Kochbanane durch unsere vertraute Banane ersetzt. Die Füllung wird luftiger und süßlicher, was einen spannenden Kontrast zum rezenten Käse gibt.

für 4 Personen

12 große Feder-/Grünkohlblätter

400 g Rinderhackfleisch
1 Banane, geschält, gekocht, zerdrückt
2 Eier, verquirlt
2 Knoblauchzehen, durchgepresst
1 Zwiebel, klein gewürfelt
2 Chilischoten, entkernt, klein gewürfelt
1 EL Tomatenpüree
50 g Rosinen
1 Bund Koriander, Blätter abgezupft, in Streifen
1 TL Kreuzkümmel
wenig frisch geriebener Ingwer
1 TL Salz
frisch gemahlener Pfeffer

½ dl/50 ml Oliven- oder Erdnussöl

100 g rezenter Käse, gerieben

1 Federkohlblätter in einem großen Topf in reichlich Wasser blanchieren, abgießen und auf Küchentüchern ausbreiten.

2 Alle Zutaten für die Hackfleischkissen mischen.

3 Hackfleischmasse in die Mitte der Kohlblätter häufen und einpacken.

4 Eine große Gratinform mit Öl einpinseln. Hackfleischkissen nebeneinander in die Form legen, mit Öl bepinseln und mit Käse bestreuen. Im vorgeheizten Backofen bei 200 °C 20 Minuten backen.

Tipp
Mit einer Tomatensauce servieren.

Bacán Santiaguero
Bananenpäckchen auf Gemüse

Dieses Gericht wurde zwar nach der zweitgrößten Stadt benannt – Santiago de Cuba –, es hat aber seinen Ursprung in der Region von Baracoa.

Minze und Gemüse ergänzen die traditionelle Version.

für 2 Personen

4 Bananenblätter, 20 × 20 cm
Olivenöl

Füllung
2 Kochbananen
200 g Schweinehackfleisch
1 Orange, Saft
1 Ei
3 Minzezweiglein, fein geschnitten
3 Knoblauchzehen, durchgepresst
Salz
frisch gemahlener Pfeffer
30 g Butter

Gemüsebeet
1 EL Olivenöl
je 1 gelbe, rote und orange Karotte
1 Kohlrabi
6 grüne Minispargel
1 Msp Madagaskarpfeffer
Salz

1 Bananenblätter waschen und im kochenden Wasser 1 Minute blanchieren. Abgießen und auf einem Küchentuch ausbreiten.

2 Kochbananen schälen und in Scheiben schneiden, im Salzwasser weich kochen, abgießen. Bananen zerstampfen. Alle Zutaten für die Füllung gut mischen. Bananenblätter mit Öl wenig einfetten, 3 Esslöffel der Füllung in der Mitte der Blätter platzieren und ein Päckchen machen. Im Dampfgarer 20 Minuten garen.

3 Karotten und Kohlrabi schälen, in Stäbchen schneiden. Spargel quer halbieren. Gemüse im Öl dünsten. Mit Pfeffer und Salz würzen.

4 Bananenpäckchen auf dem Gemüse anrichten.

VARIACIÓN DE ROPA VIEJA «ALTE KLEIDER»

Ropa vieja ist ein traditionelles kubanisches Gericht. Das Fleisch wird mit der Gabel zerpflückt, deshalb der Name «Alte Kleider». Wir haben für das Fotoshooting darauf verzichtet, weil Ragoutstücke attraktiver aussehen.

für 4 Personen

2 EL Olivenöl
1 kg Rindfleischragout
1 große Zwiebel, klein gewürfelt
5 Knoblauchzehen, klein gewürfelt
2 EL Tomatenpüree
300 g Tomaten, geschält, klein gewürfelt
1,2 dl/120 ml Weißwein
2½ dl/250 ml Fleischbrühe
2 TL Oregano
2 TL Kreuzkümmel
1 TL Paprikapulver
4 Lorbeerblätter
2 Karotten, gewürfelt
2 grüne Peperoni/Gemüsepaprika, halbiert, entkernt, in Streifen
100 g grüne Oliven
2 EL Kapern
Salz
frisch gemahlener Pfeffer

1 Bund Koriander, grob geschnitten

Ragout im Brattopf im Öl kräftig anbraten, Zwiebeln und Knoblauch zugeben und mitdünsten, Tomatenpüree und Tomaten, Weißwein, Fleischbrühe und Gewürze zugeben, etwa 80 Minuten köcheln, Karotten und Peperoni zugeben, köcheln lassen, bis das Gemüse weich ist. Lorbeerblätter entfernen, Oliven und Kapern zugeben, kurz weiterkochen. Mit Salz und Pfeffer würzen. Anrichten. Mit Koriander bestreuen.

Tipp
Mit Reis oder Kartoffeln servieren.

ASADO DE CERDO CUBANO
KUBANISCHER SCHWEINEBRATEN

Für mehr Würze haben wir Liebstöckel und Bohnenkraut genommen.

für 4 Personen

1 kg Schweineschulter, ohne Knochen
2½ dl/250 ml frisch gepresster Orangensaft
1 TL Oregano
Salz
frisch gemahlener Pfeffer

Olivenöl, zum Bepinseln

Sauce
3 EL Öl
1 Zwiebel, klein gewürfelt
3 Knoblauchzehen, klein gewürfelt
1 kleiner Lauch, in feinen Streifen
1 Karotte, fein gerieben
Salz
frisch gemahlener Pfeffer
1 Bund Bohnenkraut, Blättchen abgezupft und fein gehackt
10 Liebstöckelblätter, Blättchen abgezupft und fein gehackt

1 Die äußere Fettschicht bei der Schweineschulter mit einem scharfen Messer kreuzweise einschneiden.

2 In einer Schüssel Orangensaft und Oregano verrühren. Fleisch in die Schüssel legen. Mit Klarsichtfolie verschließen. Im Kühlschrank 2 Stunden marinieren. Fleisch aus der Marinade nehmen (Marinade aufbewahren) und trocken tupfen, mit Salz und Pfeffer würzen. Fleisch in einen Bräter legen, mit Olivenöl bepinseln. Im Backofen bei 220 °C 30 bis 40 Minuten braten. In Alufolie einschlagen, 5 bis 8 Minuten stehen lassen.

3 Für die Sauce Zwiebeln, Knoblauch, Lauch und Karotten im Öl andünsten, Marinade zugeben, einköcheln lassen, mit Salz und Pfeffer würzen. Abgezupfte, fein gehackte Kräuter zufügen.

4 Schweineschulter in Scheiben schneiden. Bratensaft zur Sauce geben, erhitzen, über das Fleisch verteilen oder separat servieren.

Calamares rellenos
Gefüllte Tintenfische

Wir haben dieses Rezept in Anlehnung an ostkubanische Fischgerichte kreiert.

für 2 Personen

4 Tintenfische

Füllung
2 Scheiben Toastbrot, eingeweicht und ausgedrückt
1 Ei
1 Bund frischer Koriander, Blättchen abgezupft
2 Knoblauchzehen, zerkleinert
1 TL Tomatenpüree
frisch gemahlener Pfeffer
Salz
1 TL Curry
1 TL Kümmel
1 kleine Zwiebel, klein gewürfelt
50 g Chorizo, gewürfelt

2 EL Olivenöl
Salz
frisch gemahlener Pfeffer

1 Tintenfische waschen. Arme entfernen, äußere Haut abziehen. Kauwerkzeuge und langen Knorpel aus dem Körper ziehen.

2 Backofen auf 225 °C vorheizen.

3 Für die Füllung alle Zutaten zu einer homogenen Masse mixen und die Tintenfische damit füllen.

4 Tintenfische in eine Gratinform legen und mit Olivenöl bepinseln, mit Salz und Pfeffer würzen. Bei 225 °C 15 Minuten backen.

Pescado a la Santa Barbara
Fisch nach Santa-Barbara-Art

Dieses Gericht ist auf der ganzen Insel bekannt und vor allem im Osten rund um Baracoa sehr populär. Nebst der Dorade eignen sich auch alle weißfleischigen, fettarmen Salz- und Süßwasserfische.

Erdnussbutter und Senfpulver führen zu einer Geschmacksexplosion!

für 2 Personen

4 EL Olivenöl
2 Doraden, geschuppt, ausgenommen
2 Knoblauchzehen, zerdrückt
1 TL Annattopulver oder Safran
½ TL Senfpulver
Salz

1 kleine Zwiebel, klein gewürfelt
2 rote Peperoni/Gemüsepaprika, entkernt, in Streifen
1 Chilischote, entkernt, in feinen Ringen
2 dl/200 ml Kokosmilch
wenig Erdnussbutter

1 Bund Koriander, Blättchen abgezupft und grob geschnitten
1 Zitrone, in feinen Scheiben, entkernt

1 Fisch innen und außen waschen und trocknen. Haut mehrmals diagonal einschneiden, aber nicht durchschneiden.

2 Knoblauch, Annatto- und Senfpulver sowie Salz mischen und die Fische damit einreiben.

3 Öl in einer weiten Bratpfanne erhitzen, Fische beidseitig anbraten. Aus der Pfanne nehmen, beiseitestellen.

4 Zwiebeln, Peperoni und Chili in Fischpfanne andünsten, Kokosmilch und Erdnussbutter zugeben, aufkochen. Fische in die Pfanne legen, weitere 10 Minuten zugedeckt köcheln lassen, einmal wenden. Mit grob geschnittenem Koriander bestreuen und mit Limettenscheiben garnieren.

Oben links Camagüey – Noch heute und wohl auch in Zukunft omnipräsent: Che Guevara. | **Oben rechts** Der Anstrich wird bei jedem Jahrestag der Revolution erneuert und die Jahreszahl angepasst. | **Unten** Auf Schritt und Tritt begegnet man revolutionären Parolen. | **Rechte Seite** Pasado (Vergangenheit) 120 cm × 100 cm

FIDEL

Camarones con coco
Garnelen mit Kokosnuss

Diese einfache Eigenkreation ist im Handumdrehen zubereitet und schmeckt erst noch köstlich.

für 2 Personen

2 EL Olivenöl
300 g Riesenkrevetten/-garnelen
Salz
frisch gemahlener Pfeffer
2 Knoblauchzehen, in feinen Scheiben
1 EL Tomatenpüree
½ l Kokosmilch
1 Bund Koriander, Blättchen abgezupft und grob gehackt

50 g chinesische Eiernudeln
Frittieröl

1 Riesenkrevetten mit Salz und Pfeffer würzen und in einer Bratpfanne im Olivenöl anbraten, Knoblauch und Tomatenpüree mitbraten, mit Kokosmilch ablöschen, etwa 4 Minuten köcheln lassen. Koriander unterrühren.

2 Chinesische Eiernudeln im Öl frittieren.

3 Riesenkrevetten anrichten, mit frittierten Nudeln garnieren.

Tipp
Mit Reis servieren.

Aporreado de pescado
Fischgulasch

Apporeado gibt es in Kuba mit Fisch oder Fleisch. Es war ursprünglich ein Gericht der armen Bevölkerung. Durch das Zerpflücken von Fisch oder Fleisch wollte man die Menge größer erscheinen lassen.

Aporreado de pescado wird normalerweise nicht gebacken und mit weißem Reis serviert. Die Kartoffeln ersetzen den Reis.

für 2 Personen

4 Backringe, ohne Boden, 10 cm Durchmesser

3 dl/300 ml Fischbrühe
2 Lorbeerblätter
200 g festkochender Meerfisch
2 EL Olivenöl
1 Zwiebel, klein gewürfelt
2 Knoblauchzehen, klein gewürfelt
1 Chilischote, entkernt, in feinen Ringen
3 EL Tomatenpüree
1 dl/100 ml Weißwein
Salz
frisch gemahlener Pfeffer
50 g geriebener Käse

2 festkochende Kartoffeln

1 EL Olivenöl
1 Knoblauchzehe, klein gewürfelt
1 Bund Mönchsbart oder frischer Spinat
Salz

1 Fischbrühe mit Lorbeerblättern aufkochen, Fisch zugeben, bei schwacher Hitze zugedeckt 10 Minuten garziehen lassen. Fisch aus der Brühe nehmen, erkalten lassen, mit einer Gabel zerpflücken. Fischbrühe aufbewahren.

2 Zwiebeln und Knoblauch im Öl andünsten, Chili mitdüsten, Tomatenpüree unterrühren, mit Weißwein und Fischbrühe ablöschen, mit Salz und Pfeffer würzen, 5 Minuten köcheln lassen. Pfanne von der Wärmequelle nehmen, Fisch zugeben.

3 Kartoffeln schälen und auf einem Gemüsehobel in hauchdünne Scheiben hobeln. Backringe einfetten und mit Kartoffelscheiben auskleiden. Fischragout einfüllen. Käse darüberstreuen.

4 Fischragout im vorgeheizten Ofen bei 225 °C 15 Minuten backen.

5 Beim Mönchsbart die Wurzeln abschneiden und das Gemüse gut waschen. Knoblauch im Olivenöl andünsten, Mönchsbart zugeben und 5 Minuten dünsten, mit Salz abschmecken.

6 Mönchsbart auf Teller verteilen. Aporreado aus dem Ring nehmen und darauf anrichten.

Yuca con mojo criollo
Maniok an kreolischer Sauce

für 2 Personen

1 Maniok
Salz
1 Limette, Saft

2,4 dl/240 ml frisch gepresster Orangensaft
3 Knoblauchzehen, durchgepresst
wenig Salz
2 TL getrockneter Oregano
frisch gemahlener Pfeffer
1 EL Olivenöl
1 TL Kümmel
1 TL Paprikapulver
1 rote Zwiebel, fein gewürfelt

Sprossen, für die Garnitur

1 Maniok schälen und auch die unter der Schale liegende rosa Haut entfernen, weil sie Giftstoffe enthält. Wurzel in mundgerechte Stücke schneiden. Salzwasser mit Limettensaft aufkochen, Maniok darin weich kochen. Abgießen.

2 Für die Sauce alle Zutaten aufkochen, Maniok zugeben, etwa 5 Minuten köcheln lassen, bis das Gemüse die Sauce aufgenommen hat.

3 Maniok anrichten. Mit Sprossen garnieren.

Tipp
Diese traditionelle kubanische Beilage passt zu allen Fleischgerichten.

FRIJOLES NEGROS
SCHWARZE BOHNEN

Dieses beliebte Bohnengericht wird in Kuba zu fast allen Speisen serviert.

für 2 Personen

- 2 EL Olivenöl
- 1 Zwiebel, klein gewürfelt
- 2 Knoblauchzehen, klein gewürfelt
- 1 rote Peperone/Gemüsepaprika
- 1 grüne Peperone/Gemüsepaprika
- 1 Chilischote, entkernt, in feinen Ringen
- 3–4 Lorbeerblätter
- 1 TL Kreuzkümmelpulver
- 1 TL Paprikapulver, mild
- 1 TL Oregano
- 100–150 g getrocknete schwarze Bohnen
- 2 EL Balsamico
- Salz
- frisch gemahlener Pfeffer

1 Bohnen über Nacht in reichlich Wasser einweichen. Abgießen.

2 Peperoni halbieren und entkernen, Schotenhälften nochmals halbieren und quer in Streifen schneiden. Chilischote entkernen und in Ringe schneiden.

3 Zwiebeln und Knoblauch im Öl andünsten. Peperoni, Chili und Gewürze mitdünsten, Bohnen zugeben, mit Wasser bedecken, köcheln lassen, bis die Hülsenfrüchte weich sind, etwa 60 Minuten. Balsamico zugeben, mit Salz und Pfeffer abschmecken.

Tipp
Schwarze Bohnen mit Reis kochen oder Reis solo dazu servieren.

FLAN DE COCO
KOKOSFLAN

Flans mit Kokosraspel oder Karamell sind die bekanntesten Desserts in Kuba. Man bekommt sie an jedem Fest und in jedem Restaurant.

für 4 Personen/4 Förmchen von 2 dl/200 ml Inhalt

3 Eier
3 Eigelbe
150 g Zucker
½ l Kokosmilch

2 EL Kokosraspel

1 Backofen auf 190 °C vorheizen.

2 Eier und Eigelbe mit 50 g Zucker cremig rühren, Kokosmilch unterrühren.

3 Restlichen Zucker (100 g) in hoch erhitzbarem Topf karamellisieren und in die Förmchen füllen, mit der Eiermasse auffüllen.

4 Förmchen in ein hohes Blech oder in eine Gratinform stellen. Bis auf ¾ Höhe mit Wasser füllen. In die Mitte in den Ofen schieben und den Flan bei 170 °C 40 bis 50 Minuten stocken lassen. Garprobe machen! Aus dem Ofen nehmen, abkühlen lassen, dann im Kühlschrank kalt werden lassen.

5 Flans auf einen Teller stürzen und mit Kokosraspeln bestreuen.

DUETO DE TOSTONES CON CREMA DE DATILES Y CREMA DE CACAO

FRITTIERTE KOCHBANANEN MIT ZWEIERLEI CREMES

Tostones werden in Kuba nur in salziger Form serviert. Wir haben daraus eine Nachspeise kreiert.

für 4 Personen

2 Kochbananen
Öl, zum Frittieren

Kakaocreme
½ dl/50 ml Kokosnussmilch
2 TL Kokosmus
2 EL Kakaopulver
50 g Puderzucker
½ TL Timut-Pfeffer

Datteldip
2 Datteln
1 dl/100 ml Orangensaft
½ TL Kreuzkümmelpulver
½ TL Ingwerpulver
½ TL zerstoßener Knoblauch

1 Kochbananen schälen und in 5 mm dicke Scheiben schneiden. Im Öl 3 Minuten frittieren. Auf Küchenpapier abtropfen lassen. Bananenchips zwischen zwei Tellern zerdrücken und nochmals knusprig frittieren. Auf Küchenpapier abtropfen lassen.

2 Für die Kakaocreme Kokosmilch und Kokosmus erhitzen, Kakaopulver unterrühren, nochmals erhitzen. Puderzucker und Timut-Pfeffer unterrühren, 1 Minute kochen lassen. Unter Rühren erkalten lassen.

3 Datteln längs halbieren und entsteinen, in Streifchen schneiden, mit Orangensaft aufkochen. Gewürze zufügen, mit Stabmixer pürieren.

4 Tostones mit den beiden Cremes servieren.

HOROTE

Chorote ist ein Nationalgetränk auf Kakaobasis und stammt aus Baracoa, wo sich die größten Kakaoplantagen von Kuba befinden. Das Kakaogetränk schmeckt köstlich und kann auch als Dessert serviert werden. Chorote wird je nach Region unterschiedlich gewürzt.

für 2 Personen

2 dl/200 ml Kokosmilch
3 TL Kakaopulver
1 Sternanis
½ TL Zimtpulver
½ TL Kardamompulver
1 Msp Nelkenpulver, nach Belieben
1 gehäufter TL Bananenmehl oder Maismehl/-stärke
Rohrohrzucker

3–4 Kakaobohnen, zerbröckelt

1 Etwa 1½ dl Kokosmilch erhitzen, Kakaopulver und Gewürze zugeben, aufkochen. Bananenmehl mit restlicher Kokosmilch verrühren und zugeben, mit Rohzucker süßen, unter Rühren 3 Minuten köcheln lassen.

2 Chorote auf Tassen verteilen und mit zerbröckelten Kakaobohnen bestreuen. Heiß oder kalt genießen.

La herida (Die Wunde) 120 cm × 100 cm

Embargo 140 cm × 140 cm

REGISTER